GÜNTER DE BRUYN

Sünder und Heiliger

Das ungewöhnliche Leben
des Dichters Zacharias Werner

S. FISCHER

Erschienen bei S. FISCHER

© 2016 S. Fischer Verlag GmbH, Hedderichstr. 114,
D-60596 Frankfurt am Main

Satz: Dörlemann Satz, Lemförde
Druck und Bindung: CPI books GmbH, Leck
Printed in Germany
ISBN 978-3-10-397208-5

1.

Eine Friederike Schultze, die sich bei Ausübung ihres Gewerbes auch Schmidt oder Meyer nannte, hatte es aus ihrer Heimatstadt Frankfurt an der Oder um 1790 nach Königsberg in Preußen verschlagen, wo sie das Glück hatte, an den Studenten Werner zu geraten, der sie nicht nur wiederholt besuchte und reichlich bezahlte, sondern ihr auch Liebe und Treue schwor. Mit ihrem Einverständnis ließ er sie bei Nacht und Nebel aus dem Freudenhaus entführen und in das Städtchen Schippenbeil bringen, wo sie der Pfarrer, der von ihrer Vergangenheit nichts wusste, beherbergte, während Werner in Königsberg das Geld zu beschaffen versuchte, das zum geplanten Zusammenleben der Liebenden nötig war.

Tagelang musste sie vergeblich auf ihren Liebhaber warten, bis ein Brief von ihm sie mit »*Theures, einziges, ewiggeliebtes Mädchen!*« anredete und ihr lebensbedrohende »*Schrecknisse*« prophezeite, falls sie nicht sofort abreise, möglichst weit von Königsberg weg. Wenn die städtischen Häscher sie fänden, könne er sie vor der Einweisung in das gefürchtete Spinnhaus, wo vor allem straffällig gewordene Prostituierte Zwangsarbeit leisten mussten, nicht retten. Zwar könne er sie nicht heiraten, *»was ich Dir auch nie gelobte«*, aber verlassen werde er sie nie. Sobald er wisse, wo sie sich nach der Flucht aufhalte, hole er sie, um mit ihr zusammen zu leben oder auch in den Tod zu gehen.

Ein zweiter Brief ihres Liebhabers, der sie wenige Tage später erreichte, nahm die Beteuerungen des ersten wieder zurück. Nun war von der Notwendigkeit einer Trennung die Rede, weil alles verraten sei. Da seine Verwandten ihm mit Fluch und Enterbung drohten, wenn er nicht mit ihr bräche, habe er sich mit Ehrenwort zur Trennung von ihr verpflichtet. *»Glaube dem, was ich Dir mit thrähnendem Auge schreibe und nimm die hundert Gulden als einen kleinen Beweis meiner Liebe. […] Dein Looß ist hart wie das meine, wir verdienten beide ein besseres. Kehre zu Deinen weinenden Eltern, kehre in den Schooß der Tugend zurück, und wenn noch meine letzte Bitte etwas vermag, stirb lieber ehe Du noch einmahl den schrecklichen Titel Hure verdienst und ganz elend wirst.«* Als der Pfarrer von Schippenbeil in einem amtlichen Schreiben aufgefordert wurde, die Schultzin, die wegen Verführung eines minderjährigen Bürgers gesucht werde, nach Königsberg zurückzubefördern, war diese schon in die Neumark geflohen. Im Städtchen Drossen, in dessen Nähe ihr Vater, der vom Gewerbe seiner Tochter nichts ahnte, als Amtmann das Vorwerk Zerbow bewirtschaftete, versteckte sie sich den Sommer über bei einer Predigerwitwe und sandte ihrem Liebsten herzzerreißende Briefe, die sie ihrer mangelhaften Schreibkenntnisse wegen von einer orthographisch auch nicht sehr kundigen Freundin aufsetzen ließ.

Einer ihrer Briefe aus Drossen lautete im Juni 1792 so:

»Lieber bester Werner

sie nicht böse das ich diesen Brief sie nene indem nicht weis wie sie gesonen gegen ihre Fritze sind sie schmeichlet sich immer mit die Gedanke das sie noch eins mit Ihnen wird sein aber vergebens sie wird nicht mehr so glücklich sein

O bester Werner sie können glauben das ihr magden so liebet wie sie Ihnen geliebet hat

lieber Werner halten sie was sie mir versprochen haben zweiflen sie nicht an meiner liebe und treue

lieber werner bitt mir ihr liebe schreiben den ich hofe mit schmertzen auf ihre Antwort

lieber bester Werner hier überschike ich die knöpfe von diesen rothen kleid tragen sie zu meinen andenken halten sie es nicht für Verachtung sondern das einen denkmahl eines aufrichtigen gemüths

leben sie wohl lieber bester werner ich küsse ihnen tausendmahl abwesend in gedanken

und Verbleibe ihr unglückliches Mägden

Friderika Schultzin«

Während noch amtliche Schreiben über ihre Rückführung zwischen Königsberg und dem Magistrat

Abb. 1: Jugendbildnis Zacharias Werners.
Kolorierte Zeichnung eines unbekannten Künstlers.

von Drossen gewechselt wurden, war Werner anderen Sinnes geworden, weil er wohl die Einwilligung seiner Mutter ertrotzt hatte und eine Enterbung nicht mehr zu fürchten war. Er holte die Geliebte aus ihrem Fluchtort, zog, wie er es selbst später darstellte, *»zigeunermäßig und unter Lebensgefahr mit dem Weibe in einer Kibitke* [Bretterwagen, ungefedert, aber überdacht] *von Königsberg über Danzig, Thorn etc. nach Warschau. Dort ward ich mit derselben eiligst und schleunigst getraut und kehrte dann mit ihr wohlbehalten nach Königsberg zurück.«*

Dort duldete seine Mutter, die sich mit dem geliebten Sohn nicht entzweien wollte, die ungeliebte

Schwiegertochter für kurze Zeit in ihrem Hause, was nicht nur alle Verwandten und Bekannten empörte, sondern auch das Dienstpersonal. Für die langjährige Gesellschafterin der Mutter war deren Anweisung, *»das Mensch«* mit Respekt zu behandeln, sogar Anlass zur Kündigung.

Im Herbst 1792, so erzählt Werner weiter, *»kaufte ich ein Gütchen von siebeneinhalb Huben* [Hufen]*, mit vollen Scheuern und verbarg mich da mit dem mir angetrauten Weibe. Aber eine Hure und das unschuldige Land! Ich verwünschte tausendmal das Landleben und verkaufte im Jahre 1793 das Gut mit ledigen Scheuern und einigem Profit.«* Seine Anstellung im Staatsdienst konnte Friederike noch miterleben, als sie aber bei einer kurzen Abwesenheit ihres Mannes einen Kollegen mit ihrer Gunst beglückte, trennte er sich 1794 nach amtlicher Scheidung von ihr.

Der gute Ruf, dessen sich Werner zuvor hatte erfreuen können, war auch durch diese Trennung nicht wiederherzustellen. In Königsbergs guter Gesellschaft wurde nach dieser sittenwidrigen Heirat der Name des Professorensohnes nur noch mit Abscheu genannt.

2.

Begonnen hatte das unstete Leben des Dichters Zacharias Werner am 18. November 1768 in gesicherten bürgerlichen Verhältnissen am Altstädtischen Markt der Hafen- und Handelsstadt Königsberg in Preußen, die zwar seit 1618 von Berlin aus regiert wurde, sich aber durch ein wohlhabendes, weltoffenes und selbstbewusstes Bürgertum von anderen Städten der preußischen Monarchie unterschied.

Sein Vorname Zacharias, den er als Autor benutzte, war nach Friedrich und Ludwig sein dritter Vorname, den er in der protestantischen Taufe erhalten hatte; von den Eltern wurde er Fritz genannt. Er war das dritte Kind der Werner'schen Ehe, da aber seine älteren Geschwister bald nach der Geburt schon gestorben waren, wuchs er als Einzelkind auf. Sein Vater, Jakob Friedrich Werner, kam aus einer alteingesessenen Königsberger Familie und war ein angesehener Gelehrter, der schon mit dreiundzwanzig Jahren Professor geworden war. An der Albertus-Universität, genannt Albertina, die in diesen Jahrzehnten durch Immanuel Kants kritische Philosophie weltbekannt und für die Aufklärung bedeutsam wurde, lehrte er Beredsamkeit und Geschichte, war aber auch in Bildungsgesellschaften der Stadt tätig und bekleidete das Amt des Theaterzensors, weshalb sein Sohn schon im Kindesalter die Bühnenwelt kennen- und lieben lernte, was später seinen dramatischen Dichtungen zugutekam.

Abb. 2: Altstädtischer Markt in Königsberg um 1850.
Lithographie von Emil Henning nach A. H. Frank.

Seine Mutter, Louise Henriette, geb. Pietsch, die wie ihr Ehemann einer Familie von Akademikern entstammte, war intelligent und gebildet, aber im Gegensatz zu ihrem Gatten sehr religiös. Während dieser, den friderizianischen Jahrzehnten gemäß, rationalistisch dachte, war ihr Glaube, dem auch mystische Züge nicht fehlten, im Gefühlschristentum des Pietismus verwurzelt, das zur Zeit Friedrich Wilhelms I. tonangebend gewesen war. Ihren Sohn liebte sie zärtlich, verwöhnte ihn, statt ihn zu leiten, und erlebte später mit ihm manche Enttäuschung, weil sie seinen Lebenswandel für sündhaft hielt. Ihre außergewöhnliche Sensibilität förderte ihren Kunstsinn, machte sie aber auch reizbar, und gegen Ende ihres Lebens litt sie, wie wir von E. T. A. Hoffmann wissen, an einer von religiösen Wahnvorstellungen begleiteten Geistesverwirrung, in der sie sich als die Jungfrau Maria wähnte, die mit ihrem einzigen Sohn den Heiland geboren hat.

Als Werner vierzehn Jahre alt war, starb sein Vater, und seine Mutter zog mit ihm in eine bescheidenere Wohnung in der nicht weit entfernten Junkergasse, der späteren Poststraße, wo sie sich im Hause der Konsistorialrätin Doerffer einmietete, die die Großmutter E. T. A. Hoffmanns war. Dieser, bei dessen Taufe 1776 der Professor Werner Pate gestanden hatte, war vom zweiten Lebensjahr an im Hause seiner Großmutter aufgewachsen, mit dem acht Jahre älteren Zacharias jedoch kaum in Berührung gekommen, wohl aber mit dessen Mutter, die er später, als er sich in den »Serapionsbrüdern« über sein zwiespältiges Verhältnis zu dem Dramatiker Werner verbreitete, eine *»hochbegabte«* Frau nannte, deren Wahn vermutlich auch von Einfluss auf die Entwicklung des Sohnes gewesen sei.

Und tatsächlich war dieser, wie viele seiner Äußerungen bezeugen, innig mit der Mutter verbunden, obwohl er oft in Unfrieden mit ihr lebte, weil er als Heranwachsender gegen die religiöse Bindung aufbegehrte und sein Lebenswandel ihren sittlichen Forderungen nicht entsprach. Am Ende ihres Lebens aber, als sie unter großen Qualen lange das Bett hüten musste, stand er zu ihrer Betreuung und Pflege bereit. Einem Freund gegenüber bezeichnete er seine Mutter als *»heilige Kunstseele«*, die alle ihm bekannten Frauen *»an Geist und Phantasie«* übertraf. Trotz aller jugendlichen Rebellionen blieb ihr Einfluss in ihm mächtig, er verstärkte sich in der Mitte des Lebens sogar.

Unter Geldsorgen hatte die Witwe nicht zu leiden, denn ihr Mann hatte ein beträchtliches Vermögen hinterlassen, das aus Geld und Immobilien bestand. Laut Testament sollte es zu gleichen Teilen an Mutter und Sohn vererbt werden, wurde vorläufig aber von einem durch die Fakultät bestimmten Kurator verwaltet, weil Frauen nicht als geschäftsfähig galten und der Sohn noch nicht volljährig war. Da die nervenkranke Mutter den Kuratoren viel Ärger machte, wechselten diese mehrfach, bis ihr Neffe, der Kriegsrat Johann Karl Linck, die schwierige Aufgabe übernahm. Das anfangs gute Verhältnis, das er zu Tante und Vetter hatte, verschlechterte sich, als er sich später durch sein Amt verpflichtet fühlte, nicht nur über die Finanzen zu wachen, sondern auch des Vetters Tugendwächter zu sein. Linck vor allem war es, der die Heirat mit dem Freudenmädchen zu verhindern suchte und es deshalb verfolgen ließ. Als Zacharias kurz vor seiner Heirat für seine Mutter den Antrag auf Freigabe ihres Vermögensanteils stellte, wurde diese von Linck durch die Erklärung verhindert, dass die Mutter durch ihre »*auf Seel und Cörper zugleich wirkende Krankheit*« das Geld nicht zusammenhalten könne und darüber hinaus auch eine ganz »*ungewöhnliche Zuneigung*« zu ihrem Sohn habe, der auch zu »*unnüzzem Geld-Aufwand*« neige und durch »*sein unglückliches Temperament taub gegen alle vernünftigen Vorstellungen*« sei.

Um das unnütze Geldausgeben des Sohnes zu bremsen, vielleicht auch um ihn länger von sich abhängig zu machen, kam die Frau Professorin sogar auf den Einfall, das Testament ihres verstorbenen Mannes anzufechten, um es zu ihren Gunsten zu ändern, sie scheiterte aber damit. Dem Sohn dagegen gelang es später, vorzeitig für volljährig erklärt zu werden, so dass er frei über seine Vermögenshälfte verfügen konnte, seine Mutter aber bei ihren Geldausgaben lebenslang unter Aufsicht stand. Als er nach dem Tod der Mutter 1804 ihr beträchtliches Restvermögen erbte, hatte er seinen Anteil schon aufbrauchen müssen, denn die Laufbahn im Staatsdienst, die er eingeschlagen hatte, begann im sparsamen Preußen mit drei Dienstjahren ohne Gehalt.

Wie damals nicht nur im Adel, sondern auch in wohlhabenden Bürgerfamilien üblich, wurde der Knabe nicht in die Schule geschickt, sondern von Hauslehrern unterrichtet, so dass er mit Gleichaltrigen nie zusammenkam. Der letzte seiner Lehrer, ein junger Theologe, der sein Leben in dieser Bedienstetenrolle fristen musste, bis ihm eine Pfarrstelle zuteilwurde, hatte ihm offensichtlich nicht nur eine solide Bildung vermittelt, sondern auch seine Zuneigung gewonnen, wie die Widmung der ersten Veröffentlichung von Gedichten des Zweiundzwanzigjährigen besagt. Sie ist *»An den Prediger Nohr in Thorn«* gerichtet und dankt dem *»ewig unschätzbaren Lehrer«* mit umständlichen Wendungen für alles, was dieser für seine *»Bildung«*, seine *»Empfindungen«* und seine *»Rettung«* aus nicht näher bezeichneten Nöten getan habe. Unterzeichnet ist diese Widmung mit *»Ihr Sie ewigliebender Zögling F. L. Z. Werner«*.

Diese individuelle Wissensvermittlung durch Hauslehrer machte es dem Zögling möglich, das Studium an der Albertina schon zu beginnen, als er knapp sechzehn Jahre alt war. Obwohl seine literarischen, philosophischen und historischen Interessen von Anfang an überwogen, ließ er sich für die Jurisprudenz und die Kameralwissenschaft immatrikulieren, die er dann aber weitgehend vernachlässigte, weil er lieber die Vorlesungen Immanuel Kants hörte oder auch in Hörsälen noch anderer Fakultäten saß.

Anders als einige Jahre später E. T. A. Hoffmann, der trotz seiner künstlerischen Leidenschaften das Jurastudium mit Fleiß und Ausdauer wahrnehmen sollte, bereitete sich Werner auf die künftige Berufslaufbahn nur unzureichend vor. Wichtiger als sein Studium waren ihm seine Schreibversuche und seine Lektüre, bei der er sich für Rousseau begeisterte, Goethe zu bewundern lernte und später auch mit Tieck, den Brüdern Schlegel, Novalis und Wackenroder die beginnende romantische Literatur für sich entdeckte, die den trocknen Rationalismus seines Vaters und seiner Lehrer in Frage stellte und sich in der Rückschau auf Vergangenes eine schönere und gefühlvollere Welt erschuf. Eine vier Monate dauernde Bildungsreise, die ihn unter Führung des Buchhändlers Gottlieb Lebrecht Hartung 1790 nach Berlin, Leipzig und Dresden führte, war auch mehr der Kunst gewidmet als dem künftigen Beruf. Als er sein achtjähriges Studium der geplanten Heirat wegen 1792 ohne Abschluss beendete und bei der Königsberger Kriegs- und Domänenkammer seine Anstellung im Staatsdienst beantragte, musste er sich mit einer untergeordneten Stellung begnügen, da er ohne Examen war.

Zu dem Ansehen, das er vor seiner Heirat in den gebildeten Kreisen Königsbergs hatte genießen können, hatte neben seiner Herkunft auch sein Schreibtalent in Vers und Prosa beigetragen, das durch mehrere Veröffentlichungen stadtbekannt geworden war. 1787 war er Mitglied der der Aufklärung verpflichteten Königlich Deutschen Gesellschaft geworden, in deren Schriftenreihe »Preußisches Archiv« sein Aufsatz »Über die Entstehung und die Folgen der Kreuzzüge« gedruckt wurde, und in Königsberger Zeitungen und Zeitschriften hatte er sich auch als Theaterkritiker vorgestellt.

Da die preußischen Könige sich zwar in Königsberg krönen ließen, sonst aber abwesend waren, hatte sich hier auch kein Hoftheater etabliert. Die Königsberger hatten sich lange mit einzelnen Aufführungen umherziehender Schauspielertruppen begnügen müssen, bis 1755 ein festes Theater gebaut wurde, das später auch Wirkungsstätte bekannter Theaterdirektoren wie Schuch und Döbbelin war. Wie überall zu Werners Zeiten wurde auch hier neben Stücken von Shakespeare, Goethe und Schiller die damals gängige Unterhaltungsware geboten, an der dank Iffland und Kotzebue kein Mangel war. Da das Theater im Kulturleben der Stadt eine bedeutende Rolle spielte, fanden Werners Kritiken durchaus Beachtung, aber auch sein erstes Bändchen mit Gedichten machte seinen Namen in der Stadt bekannt.

Seine »Gedichte«, so ihr lapidarer Titel, erschienen 1789 bei dem bekannten Verlagsbuchhändler Hartung, der den jungen Autor allerdings auch die Kosten tragen ließ.

Von seiner späteren Eigenart ist in ihnen wenig zu spüren, viel aber von fleißiger Lektüre und einem beachtlichen Nachahmungstalent. Neben Versen, die an den »Wandsbecker Bothen« und die Anakreontik erinnern, finden sich auch lehrhafte, der Aufklärung verpflichtete Satiren, die mit ihrem Spott auf die

Abb. 3: Titelblatt von Zacharias Werners erstem Buch.

Religion besonders epigonal erscheinen, wenn man Werners späteres christlich grundiertes Werk kennt.

Eignes, ihn selbst Berührendes wird nur in Versen um eine vergeblich umworbene Amalie deutlich, in denen er wie später häufig Religion und Erotik zusammenbringt.

»Als ich dich in Rosenschöne
Vor dem Altar knieend fand,
Und der Andacht fromme Thräne
Sich aus deinen Augen wand,
Sah ich taumelnd von Entzücken
Engel dich mit Strahlen schmücken
Und dir knieend Weihrauch streun.
Laut erscholl Gesang der Sphären,
Schaaren voll von Jubelchören
Weihten mich zum Engel ein.

Als ich drauf im Tanze freier
Mich um deinen Busen schlang
Und elektrisch Wonnefeuer
Mir durch alle Adern drang …« und so fort.

Großartig war das alles nicht, aber es genügte, um in der Stadt als Schöngeist und hoffnungsvolles Talent angesehen zu werden, bis seine Heirat des Freudenmädchens alles zunichtemachte und die Königsberger Gesellschaft, zu der so bekannte Köpfe wie Kant und Hamann und Hippel gehörten, ihm böse wurde und er verständlicherweise ihr. Da er ihr das nie vergessen oder verzeihen konnte, hat er zum verdienten guten Ruf seiner Heimatstadt mit keinem Wort beigetragen, er hat vielmehr aus dem Unbehagen, mit dem er auf Königsberg zurückgeblickte, nie ein Hehl gemacht.

3.

Die drei Teilungen Polens, an denen sich Russland, Österreich und Preußen bereicherten, fielen in Werners erste Lebensjahrzehnte, berührten ihn in seiner Jugend- und Studienzeit aber kaum. Erst durch seine Anstellung im Staatsdienst kam er mit den polnischen Bewohnern der von Preußen annektierten Gebiete zusammen, und die elf Jahre, die er unter katholischen Polen verbrachte, beeinflussten ihn stärker als das von der Aufklärung bestimmte Geistesleben seiner Heimatstadt.

Schon 1772, als Werner noch ein vierjähriges Kind war, hatte Friedrich der Große im Bündnis mit der Zarin Katharina der Großen die erste Teilung Polens vollzogen und war durch sie in den Besitz von Westpreußen, der lange schon ersehnten Landverbindung mit Ostpreußen, gelangt. Als dann das restliche Polen unter dem reformfreudigen König Stanislaus August Poniatowski, nicht unbeeinflusst durch die Ereignisse in Frankreich, jedoch auf friedlichem Wege, durch Annahme einer Verfassung 1791 zur konstitutionellen Monarchie wurde, nahm die russische Zarin diese ihr gefährlich erscheinende Modernisierung zum Anlass, Polen durch den Raub weiterer Landesteile noch mehr zu schwächen, und Preußen, das inzwischen von Friedrich Wilhelm II. regiert wurde, ließ sich diese Gelegenheit zur Vergrößerung seines Herrschaftsbereichs nicht entgehen. Durch diese zweite Teilung des polnischen Staates kam Preußen 1793 in den Besitz von Großpolen und von Teilen Masowiens und gliederte diese vorwiegend von Polen bewohnten Gebiete als Provinz Südpreußen in seinen Staatsverband ein. Der Aufstand der Polen unter Tadeusz Kościuszko, der bald darauf ausbrach und nach ersten Erfolgen von Russland, unter Beteiligung Preußens, niedergeschlagen wurde, hatte 1795 die sogenannte dritte Teilung Polens zu Folge, die die Auflösung des polnischen Staates brachte, der als solcher erst wieder 1918 entstand. Das östliche Polen mit etwa der Hälfte der polnischen Bevölkerung geriet nun unter russische Herrschaft, die westlichen Landesteile fielen Preußen und Österreich zu.

Preußisch wurde dadurch auch Warschau, wo dann die beiden Königsberger Juristen und Autoren Hoffmann und Werner, die, ohne einander zu beachten, im gleichen Hause aufgewachsen waren, sich erst hier als Arbeitskollegen näher kennenlernten. Eine Freundschaft aber wurde aus diesem Verhältnis nie.

Im Sommer 1793 also wurde Werner, der des fehlenden Examens wegen im Staatsdienst mit einer untergeordneten Stelle vorliebnehmen musste, erst einmal in die polnische Provinz verbannt. In der ent-

Abb. 4: König Stanislaus Poniatowski.
Gemälde von Johann Peter Pichler.

legenen Kreisstadt Petrikau (Piotrków Trybunalski)
im annektierten Südpreußen verbrachte er mit seiner Frau einen traurigen Winter, bis die nationale Er-
hebung der Polen im Frühjahr 1794 der Ruhe des
Städtchens ein Ende machte und die preußische Verwaltung vertrieb.

Der Aufstand der Polen gegen die Fremdherr-
schaft, in den Geschichtsbüchern als Kościuszko-Auf-
stand oder Polnische Revolution bezeichnet, war vor
allem gegen den Hauptunterdrücker Russland ge-

richtet; da sich aber auch Preußen, das gleichzeitig am Rhein den unglücklichen, kostspieligen und unpopulären Krieg gegen das revolutionäre Frankreich führte, an der Bekämpfung des Aufstandes beteiligte, blieb auch Südpreußen von den kriegerischen Ereignissen nicht verschont.

Begonnen hatte der Aufstand in den ersten Märztagen, als der polnische Brigadegeneral Madalinski dem russischen Befehl zur Auflösung seiner Truppe nicht nachgekommen war. Er hatte seine Soldaten vielmehr nach Krakau marschieren lassen, wo wenig später der General Tadeusz Kościuszko, der sich schon im amerikanischen Unabhängigkeitskrieg einen Namen gemacht hatte, unter dem Jubel der Bevölkerung eingetroffen war. Schnell hatte er eine Armee um sich versammeln können, die sich nicht nur aus regulären Truppen zusammensetzte, sondern auch aus Scharen behelfsmäßig bewaffneter Bauern, denen er die Befreiung aus der Leibeigenschaft versprach. Die Proklamation, die von ihm am 24. März 1794 in Krakau erlassen wurde, rief alle Schichten des Volkes zum Kampf gegen die Unterdrücker für die zu schaffende polnische Republik.

Werner, der sich im Frühjahr Urlaub erbeten hatte, um in Berlin nach einer besseren Stellung zu suchen, fand, als er ohne Erfolg zurückkehrte, weder seine Frau noch seine Behörde in Petrikau vor. Seine Kollegen, die vor den Aufständischen geflüchtet waren, konnte er in Thorn wiederfinden, seine Frau, die während seiner Abwesenheit ein Verhältnis mit

Abb. 5: Tadeusz Kościuszko. Künstler unbekannt.

einem Kammersekretär gehabt hatte, war in Königsberg erst bei seiner Mutter untergekommen, um dann *»nach Herzenslust mit einem schlechten Komödianten«* zu leben, während Werner zu Johanni (Johannestag, 24. Juni) 1794 von Thorn aus nach Plozk (Płock) versetzt wurde, wo er, obwohl er noch ohne Gehalt arbeiten musste, vergnügt als Junggeselle lebte und sich von der einst geliebten Friederike, der er *»als Abfindung ein kleines Capital vermachte«*, scheiden ließ.

»Hier jedoch musste die neue Kammer [seine Behörde, die Kriegs- und Domänenkammer in Plozk] *im Herbst desselben Jahres wieder vor Kościuszko flüchten. Da dieser indessen bald gefangen wurde, zogen wir acht Tage darauf wieder in Plozk ein. Die herrliche romantische Lage dieses Städtchens an den hohen Ufern der Weichsel, die ungebundene genialische Garconlebensart, die Heiterkeit der Polen, alles zusammen trug dazu bei, die zwei Jahre, die ich daselbst zubrachte, zu den glücklichsten, frohesten, heitersten meines Lebens zu machen. Ich expedierte, ging spazieren, ritt, fuhr, tanzte, trank und dichtete«,* wie er 1804 an einen Jugendfreund schrieb.

In den Gedichten dieser Jahre zeigen sich schon zwei Tendenzen, die auch sein weiteres Schaffen bestimmten und die sicher dazu beitrugen, dass man sein Werk in Deutschland nach einer kurzen Erfolgsperiode so gut wie vergaß. Da war erstens das Missionarische im christlichen Sinne, das sich im Laufe seines Lebens derart verstärkte, dass er damit sogar seine treuesten Freunde vergällte, und zweitens seine Hochschätzung der Polen, die ihn, den preußischen Beamten, dazu brachte, Kościuszko den Sieg zu wünschen, sich für zwei seiner Dramen Stoffe aus der polnischen Geschichte zu wählen und am Ende seines Lebens wieder intensiv mit Polen verbunden zu sein.

Sein Gedicht mit dem Titel »Die einzige Realität«, das im Sommer 1794 geschrieben wurde, kündigt in der ersten Strophe an, die Liebe, *»den Urstoff jeder Erdenfreude«* und *»Leitstern auf des Lebens Thränen-*

Abb. 6: Ansicht von Plozk.
Gemälde von Wojciech Gerson.

weide«, besingen zu wollen, beklagt dann in vielen der insgesamt 25 Strophen die Vergänglichkeit aller Freuden, Leiden und Weisheiten und die nie weichende Bedrohung des Todes, um am Schluss das einzig Unvergängliche, nämlich den Glauben zu preisen, der das Dunkel des Daseins zu vertreiben und die Liebe zu erhellen vermag. Da sich hier die Liebe, wie Werner sie damals verstand, mit dem Glauben verbindet, kann das Gedicht auch als Anleitung zum Verständnis seiner Dramen aufgefasst werden, denen die gleiche Vorstellung zugrunde liegt.

Einige seiner Gedichte, die während des polnischen Aufstands geschrieben wurden, zeigen ihn als dessen Sympathisanten. Mit ihnen, so könnte man sagen, eröffnete er vorzeitig die Gattung der deutschen »Polenlieder«, die in der nächsten Generation

zu einer Flut anschwellen sollte, als 1831 der polnische Novemberaufstand bei den liberal gesinnten Deutschen eine Welle der Solidarität und Begeisterung aufbranden ließ. Wie immer bei politischen Dichtungen, deren Tendenzen Sympathien erwecken, ist man geneigt, die Frage nach der poetischen Qualität beiseitezulassen, so auch bei Werners Gedicht »Schlachtgesang der Polen unter Kościuszko«, das nicht frei ist von holprigen Versen, schiefen Metaphern und Klischees. Das nach der Niederlage des Aufstandes geschriebene Gedicht »An ein Volk« entwirft die Utopie eines künftigen freien Polen, das auch im »Fragment« wieder beschworen wird. In ihm wird auch die Niederlage des *»Gottes vom Mississippistrande«*, also Kościuszkos, betrauert und mit den sanften Weichselufern bei Plozk zusammen auch an eine Franziska erinnert, von der man aber Näheres nicht weiß. *»Dass einst mein Grab im freien Polen blüht, / Dass Bürgerinnen meinen Hügel kränzen, / Und dass mein Schatten dann die Zähren sieht, / Die an Franziskas brauner Wimper glänzen.«*
Offensichtlich hatten die polnischen Einwohner von Plozk, sicher auch die weiblichen, den mit ihrem Schicksal sympathisierenden kleinen Beamten aus Preußen, der sich auch um das Erlernen ihrer Sprache bemühte, mit offenen Armen aufgenommen, und ihre nationalrevolutionäre Begeisterung hatte den Rousseau-Jünger, der auch die Anfänge der Französischen Revolution begrüßt hatte, zum politischen Dichter gemacht. Er war es nur kurzzeitig, und auch

27

als ihn später die antinapoleonische Begeisterung der Deutschen zu Versen politischer Art animierte, war das schnell wieder vorbei. Um ein Parteigänger hier oder dort werden zu können, war er immer zu sehr mit sich selbst beschäftigt, mit seiner Unrast, seinen Glaubenszweifeln und -gewissheiten, seinen unbeherrschbaren Trieben und seiner Reue darüber, diesen immer wieder verfallen zu sein.

Bei aller Vorliebe für Land und Leute hielt er es in Plozk nur zwei Jahre aus. Als nach der dritten Teilung Polens einige Mitarbeiter der Plozker Verwaltung 1796 nach Warschau beordert wurden, war auch er auf eignen Wunsch mit dabei. Verlockender als das abseitige Plozk, in dem sich der Regierungsrat E. T. A. Hoffmann sechs Jahre später »wie lebendig begraben« fühlen sollte, schien ihm doch die Großstadt zu sein.

4.

Anfangs war Warschau für Werner enttäuschend. Die Stadt, die zwei Jahre zuvor unter den kriegerischen Ereignissen des Aufstandes besonders gelitten und etwa ein Drittel der Bevölkerung verloren hatte, war verarmt, die Lebenshaltungskosten überteuert, und ihre Einwohner, von denen viele im Elend lebten, liebten die neuen Herren nicht. Werners eintönige Schreibarbeit in der Kriegs- und Domänenkammer machte ihn missmutig, und das geringe Gehalt, das ihm jetzt gezahlt wurde, reichte nur zu einem bescheidenen Leben, denn seine finanziellen Rücklagen hatte er in den gehaltlosen Jahren bedenkenlos aufgebraucht. Unter den Beamten war kein Gleichgesinnter zu finden, und da sich gute Kontakte zu den Polen, wie er sie in Plozk gehabt hatte, hier nicht herstellen ließen, war es auch mit seiner Begeisterung für die Freiheitskämpfer vorbei. *»Die Priester und Priesterinnen der Gottheit Freiheit präsentieren sich hier in der Gestalt impertinenter junger Bengels, die keine Mores und kein Geld, aber böse Krankheiten […] haben«*, schrieb er im Dezember 1796 an einen Freund, und

als er 1804 einem anderen Freund seine Lebens-
schicksale schilderte, sagte er deutlich, dass ihn in
Plozk ein »Zirkel froher Polen« (»Keine Nation ist froher als die Polen«) zur Begeisterung für Kościuszko
verführt habe, die ihm dann in Warschau durch die
»jämmerlichen Priester« der polnischen Freiheit »ver-
ekelt« worden sei.

An den Warschauer Kaufleuten hatte er zu kritisieren, dass sie statt ihrer Geschäfte nur »die Ideen ihrer
alten Herrlichkeit im Kopfe« hätten, den Theatern
warf er vor, dass die deutschen Stücke »zum bespei-
hen«, die polnischen ihm unverständlich seien, und
wenn er »Bälle« besuche, treffe er dort nur hässliche
Huren, Schneidergesellen und »Beutelschneider« an.
Und da die Damen der Stadt »keinen Verstand, kein
Herz, keine Schönheit, aber Schminke und Ungeziefer
haben«, sei ihm Warschau ein »miserabler Aufenthalt«.

Insofern dieser Brief in der Absicht geschrieben
wurde, von dem Empfänger in einen angenehmeren
Ort und eine besser bezahlte Stellung vermittelt zu
werden, hat Werner sein Missbehagen wohl stark
übertrieben, was sich auch aus anderen Teilen des
langen Briefes schließen lässt. Dort ist nämlich von
anderen Damen, als den vorher herzlos genannten,
die Rede, und zwar so:

»Ich bin nehmlich verliebt in ein Weib auf dem
Lande, in ein Weib, die die höchste Weiblichkeit (ich
sage nicht Schönheit) besitzt, die ich je gesehen. Sie
kommt nicht oft her; ich correspondire aber mit ihr alle

8 Tage, und wir schreiben uns bogenlange pohlnische Liebesbriefe. Sie ist einige zwanzig Jahre alt, hat einen Mann, der alt ist, und Kinder. Sie ist übrigens von gutem Adel und will sich von ihrem Mann trennen, mich heiraten, und ich soll sie (cruel genug) do smierca (bis in den Tod) lieben. Ein anderes niedliches Mädchen (auch Fräulein) [will sagen: von Adel] *von 17 Jahren hier in der Stadt, die die Harfe spielt, auch ein bischen Deutsch und ziemlich gut Französisch spricht, schmachtet unter dem Druck eines Stiefvaters und will mich absolut heiraten, ich wollte es auch, sie hat aber kein Geld, und daher habe ich noch nicht anbeißen können. Die Frau liebt mich, das Mädchen aber wohl nur die Freiheit; ich liebe die Frau, die Freiheit und nicht das Mädchen, bin also in gewisser Art zwischen Angel und Tür, da Ehe ohne Liebe ein Unding ist. – Die Weiber verstehen hier in keinem Betracht Spaß und wollen von der höchsten bis zur niedrigsten für Gunstbezeugungen bezahlt seyn. Geld oder nichts, ist die Losung.«* Sage man einem weiblichen Geschöpf etwas von Liebe, so heißt es weiter, rede es sofort von Treue, so dass man Gott danke, wenn man mit heiler Haut davongekommen sei.

Gerichtet war dieser Brief an Ernst Friedrich Peguilhen, einen etwa gleichaltrigen Kollegen, der anderswo im preußisch annektierten Polen angestellt war. Es handelte sich dabei um denselben Peguilhen, der fünfzehn Jahre später die Meldung von Heinrich von Kleists Freitod in die Zeitung setzte und so den Ärger Friedrich Wilhelms III. auf sich zog. In seinem

31

Briefwechsel mit Werner wird vorwiegend von Liebe, Liebeleien und Wollust geredet, wobei Werner sich als der Wissende gibt, der alle damit zusammenhängende Begriffe definieren und den Freund darüber belehren kann. Obwohl dabei dann wieder andere Frauen ins Spiel kommen, wie zum Beispiel ein neunzehnjähriges *»niedliches sehr gut erzogenes Weibchen, eine halbe Deutsche und halbe Engländerin«*, in die Werner sich *»rasend verliebt«* hatte, wird Warschau als trostlose *»Sandwüste«* bezeichnet, in der sogar die Musik langweile und *»die liebe Dichtkunst«* zum Teufel gehe.

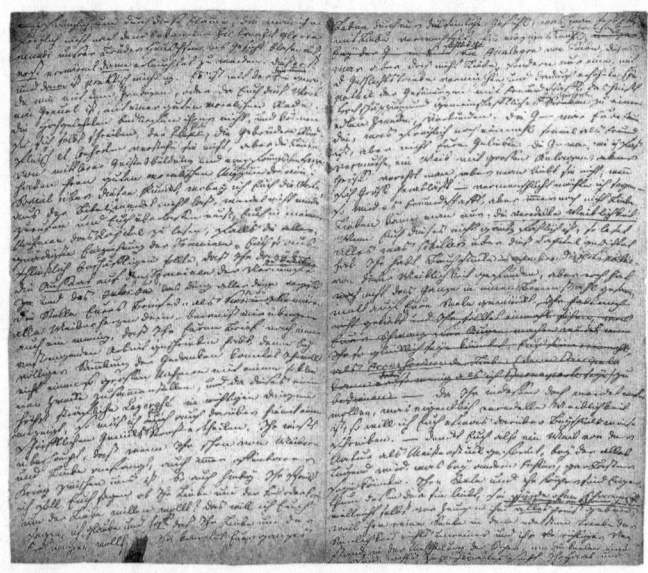

Abb. 7: Aus einem vierseitigen Brief Werners an den Freund Peguilhen.

In Wahrheit war es wohl so, dass Werner sich einsam fühlte, denn später, als sich der Kreis der in Warschau beschäftigten Deutschen um einige Schöngeister erweiterte, urteilte er anders, und sein fast erloschenes Interesse am Dichten entflammte erneut. Sieht man ab von seinen Frauengeschichten, kam er fast nur mit deutschen Beamten zusammen. Selbst vom preußischen Militär, das die etwa 60 000 Einwohner der Stadt um etwa 11 000 Soldaten vermehrte, lernte er nur zwei höhere Offiziere kennen, mit denen er in der Freimaurerloge zusammensaß.

Wirklich wichtig für ihn wurden zwei Freunde, nämlich der Dichter Johann Jakob Mnioch, den wohl auch damals nur wenige Fachleute kannten, und der spätere Verleger Isaak Elias Itzig, der nach seinem 1799 erfolgten Übertritt zum Protestantismus Julius Eduard Hitzig hieß. Mnioch war drei Jahre älter als Werner und ihm geistig überlegen, Hitzig aber, der später Werners erste Biographie schreiben sollte, war zwölf Jahre jünger als er.

Mnioch, der aus Elbing (Elbląg) in Westpreußen stammte, hatte sich nach einem Studium in Jena als Hauslehrer und Schulmeister durchgeschlagen, bis er in Warschau als Assessor bei der preußischen Lotteriedirektion untergekommen war. Schon als Einundzwanzigjähriger hatte er Gedichte in Wielands »Teutschem Merkur« veröffentlichen können, später hatte er sich Tieck und Schlegel angenähert, in deren Musenalmanach von 1802 sein Gedicht »Hellenik und Romantik« erschienen war. Als er sich gegen Ende der neunziger Jahre mit Werner und Hitzig anfreundete, lagen schon seine bis dahin erschienenen Werke als »Sämmtliche auserlesene Schriften« in drei Bänden gesammelt vor. Seine Gedichte, die er in erläuternde Abhandlungen einzubetten liebte, predigen einen Humanismus in aufgeklärt-christlichem Geiste, an dem Herz und Verstand gleichermaßen beteiligt sind. Sein Christentum war ein in erster Linie moralisch verstandenes und hatte, wie sein Wirken als Freimaurer, nichts Geringeres als die Veredlung der gesamten Menschheit zum Ziel. Sein eigenartigstes Werk entstand in diesen Jahren. Es heißt »Die Vermählung. Ein Hymnus dem neuen Jahrhundert gewidmet« und hat den Beischlaf eines frisch vermählten Paares zum Thema. Ohne je lüstern zu werden, wird hier die Hochzeitsnacht nicht etwa in ihrem Ablauf geschildert, sondern sie wird als *»Mysterium der Natur«*, *»Goldgeschenk«* Gottes und *»höchster Genuss der Menschlichkeit«* in Vers und erläuternder Prosa gerühmt.

Mniochs Einfluss war es zu danken, dass Werner in die Gemeinschaft der Freimaurerloge »Zum goldenen Leuchter« aufgenommen wurde, die neben der schon bestehenden Warschauer Loge für die in der Stadt lebenden Deutschen 1797 gegründet worden war. In ihr konnte sich Werner als Redner bewähren, wovon drei seiner Gedichte zeugen, die alle zum Ringen um edle Ziele aufrufen, von deren Wesen man aber Genaueres nicht erfährt. *»Brüder«*, so heißt es da beispielsweise, *»was wir hier auf Erden säen, / Reifet*

langsam und in Dunkelheit, / Aber Saaten für die Ewig-
keit / Wird der Sturm der Zeiten nicht verwehen; /
Erdenlichter glänzen und vergehn, / Aber Wahrheit,
Schönheit und Kraft bestehn.« Die Ideen, die Werner
dort aufnahm und in Diskussionen mit Hitzig wei-
terentwickelte, kamen auch seinen Werken zugute,
besonders dem damals entstehenden Drama »Die
Söhne des Thals«.

Mnioch starb 1804 in Warschau, und zwar am
22. Februar (nicht wie Werner später behauptete, am
24.). Hitzig dagegen blieb Werner als Freund, Helfer
und Briefpartner noch lange erhalten, bis beider Le-
benswege und Weltsichten sich soweit voneinander
entfernten, dass eine Verständigung nicht mehr möglich war. Die »Lebens-Abriss« genannte Biographie
Werners, die Hitzig nach dessen Tod verfasste, ist aber
mit so viel Verehrung geschrieben, dass der Biograph
sich zu einer »Nachrede« veranlasst fühlte, in der er
alle, die in Berlin, Paris, Rom oder Wien Werners
schlechte Charakterzüge wie Egoismus, Geiz, Eitelkeit und vor allem Triebhaftigkeit kennen- und verachten gelernt hatten, an sein Talent und seine über-
ragenden Geistesgaben erinnert, die Bibelweisheit
vom Balken im eignen und dem Splitter im Auge des
anderen zitiert und ihnen mit Christus zuruft: *»Ver-*
dammet nicht, so werdet auch ihr nicht verdammt«.

5.

Wie Werner kam auch Isaak Itzig aus einer wohlhabenden Familie, die aber um ein Vielfaches reicher als die des Königsberger Professors war. Sein Großvater, Daniel Itzig, war ein Bankier Friedrichs des Großen gewesen und hatte während des Siebenjährigen Krieges durch die vom König angeordneten Geldmanipulationen große Reichtümer erwerben können, mit denen er sich in der Berliner Burgstraße ein Palais hatte bauen lassen, in dem sein Enkel Isaak die Kinderjahre verbrachte, bis er mit Eltern und Geschwistern auf die Halbinsel Tornow (heute Hermannswerder) bei Potsdam übersiedelte, wo sein Vater eine Lederfabrik betrieb. Da Friedrich Wilhelm II. die Verdienste des jüdischen Bankiers mit der Verleihung der vollen Staatsbürgerrechte für alle Zweige der Familie Itzig belohnt hatte, konnte sein Enkel ohne Schwierigkeiten das Joachimsthalsche Gymnasium besuchen, das vor allem die Aufgabe hatte, preußische Beamte heranzuziehen. Um die Schüler auf den Dienst in den annektierten Gebieten im Osten vorzubereiten, wurden sie auch in

Polnisch unterrichtet, so dass der junge Itzig die Grundbegriffe dieser Sprache schon beherrschte, als er nach einem Jura-Studium in Halle und Erlangen und seinem in Wittenberg erfolgten Übertritt zur evangelischen Kirche im September 1799 seine gerichtliche Laufbahn als unbezahlter Auskultator (etwa: Zuhörer) in Warschau begann.

Hier lernte er Werner kennen und schätzen, obwohl dessen religiös grundierte, zum Katholizismus tendierende Weltsicht seinem rationalistischen Denken widersprach. Werner arbeitete damals an seinem zweiteiligen Drama über den Untergang des Templerordens, in dem er, einer Legende folgend, die freimaurerischen Ideen von den Tempelrittern herkommen ließ. Hitzigs lebhaftes Interesse an dieser Arbeit beflügelten diese, sein Widerspruch half dem Autor bei der Profilierung des auftretenden Personals. Dabei wurde einer seiner Figuren, einem jungen schottischen Tempelritter, Züge des jungen Hitzig angedichtet, was diesen später, als er für die dritte Auflage der »Söhne des Thals« den »Lebens-Abriss« Werners verfasste, an die »seligen Tage« erinnerte, in denen er an den Wochenenden mit dem Freund zur »Camaldulenser Abtei Bielany« [Kloster eines Eremiten-Ordens, in Deutschland oft Kamedulen genannt] hinauswanderte, die »wahrhaft zauberisch an der von hohen Ufern begränzten Weichsel« lag. »In Ermanglung eines förmlichen Gasthauses wurde im Walde bivaquirt, höchstens unter einem in der Nähe aufgeschlagenen Zelte geschlafen und der Sonntag dann durchweg im Freien, *auf Streifereien im Walde, Wasserfahrten auf der Weichsel und dergleichen zugebracht«.*

Zu Anfang des Jahres 1801, also nach etwa fünfzehn Monaten, wurde Hitzig nach Berlin zurückberufen, und da er sich in Warschau bewährt hatte und anschließend die Referendar-Prüfung bestehen konnte, wurde er nicht gleich wieder in die ungeliebten Ostgebiete versetzt, sondern im Zentrum des preußischen Rechtswesens, dem Berliner Kammergericht, angestellt. In den folgenden drei Jahren konnte er sich neben der immer tadellos ausgeübten Berufsarbeit auch seinen literarischen Neigungen widmen, sich in die neueste Literatur Wackenroders, Tiecks und der Brüder Schlegel vertiefen und ein tätiges Mitglied der romantischen Dichtervereinigung Nordsteinbund werden, in der er neben anderen auch mit Varnhagen und Chamisso zusammenkam. Mit Werner blieb er dabei im Briefwechsel und suchte für dessen »Söhne des Thals« einen Verleger, den er durch seine gründliche Kenntnis des Berliner Kulturlebens auch bald mit Johann Daniel Sander fand.

In den drei Berliner Jahren, die Hitzig vergönnt waren, konnte er auch die Frau, die er liebte, zu seiner Ehefrau machen, obwohl seine Familie sich gegen die Heirat sträubte, weil die Erwählte schon einmal verheiratet gewesen war. Sie war von ihrem Vater, einem jüdischen Kaufmann aus Troppau, in jungen Jahren an einen ungeliebten Mann verheiratet worden, von dem sie erst geschieden werden musste, als Hitzig um sie warb. Ihm zuliebe wurde sie auch zur Christin, und da es Hitzig, der drohenden Versetzung wegen, mit der Hochzeit eilig hatte, wurde das erste Kind, eine Tochter, in der alten Ehe gezeugt und in der neuen geboren, was Hitzig aber nicht daran hinderte, das Mädchen immer als eigenes Kind anzusehen.

Im Frühjahr 1804 bestand der Referendar Hitzig die nächste Staatsprüfung und wurde zum Assessor befördert, im Mai wurde seine Ehe geschlossen, die kinderreich und glücklich werden sollte, und im Juni war das Ehepaar schon unterwegs nach Warschau, wo Hitzig die Gespräche mit Werner wieder aufnehmen konnte und mit dem Regierungsrat E. T. A. Hoffmann einen neuen Freund gewann. Hitzig und Hoffmann empfanden Warschau durchaus nicht als trostlos, das Exotische, das die Stadt für sie hatte, genossen sie als besonderen Reiz.

Abb. 8: Das Ehepaar Hitzig.
Aquarellzeichnung von E. T. A. Hoffmann.

»*Die deutsche Herrschaft*«, schrieb Hitzig in seiner Hoffmann-Biographie, »*hatte Warschau nicht zu einem deutschen Orte gemacht; vielmehr trug es ein höchst fremdartiges, man möchte sagen außereuropäisches Gepräge, so dass der aus Preußen, dem wohlgeordneten, sogenannten ›alten Lande‹, in diese neue Welt Versetzte in den ersten Wochen aus dem Staunen nicht herauskam. Die Straßen von stattlicher Breite, gebildet aus Palästen im schönsten italienischen Geschmack und aus Holzhütten, die ihren Einwohnern jeden Augenblick über dem Kopf zusammenzustürzen drohen; in diesen Gebäuden asiatischer Prunk mit grönländischem Schmutz im seltsamsten Verein; ein immer bewegtes Publikum, die schneidendsten Kontraste bildend wie in einem Maskenzuge; langbärtige Juden, Mönche in allen Ordenstrachten, ganz verschleierte, tief in sich gekehrte Nonnen von der strengsten Regel, und über weite Märkte hinüber konversierende Scharen junger Polinnen in den hellfarbigsten seidenen Staubmänteln; ehrwürdige alte polnische Herren mit Schnurrbärten, Kaftan, Pass (Gürtel), Säbel und gelben oder roten Stiefeln und das neue Geschlecht in den incroyabelsten* [unglaublichsten] *Pariser Moden, Türken und Griechen, Russen, Italiener und Franzosen in immer wechselnder Menge; dazu eine über allen Begriff tolerante Polizei, die keiner Volkslust störend in den Weg trat, so dass sich kleine Pulcinellen-Theater, Tanzbären, Kamele und Affen unaufhörlich auf Plätzen und in den Gassen bewegten, vor denen die elegantesten Equipagen wie der Packträger gaffend stille standen; ferner ein Theater in der Nationalsprache, eine recht gute französische Truppe, eine italienische Oper, deutsche Komödianten, mit denen sich wenigstens alles aufstellen ließ, Redouten ganz origineller, aber höchst anziehender Einrichtung, und Wallfahrtsörter in der nächsten Umgebung der Stadt.«*

Die in Warschau geschlossene Freundschaft zwischen dem ruhigen, verstandesklaren Hitzig und dem nie zur Ruhe kommenden, vielseitig talentierten Künstler Hoffmann war auf die gemeinsame Liebe zu Kunst und Literatur gegründet, ihre lebenslange Dauer aber war vor allem Hitzigs Verdienst. Er, der solide Bürger und fürsorgliche Familienvater, der das Dichten schon in jungen Jahren aus weiser Selbsterkenntnis aufgegeben hatte, blieb immer der neidlose Bewunderer von Hoffmanns Kunst. Der überschäumenden Kreativität des Freundes, die dessen unsoliden Lebensstil zur Folge hatte, begegnete er mit Güte, Hilfsbereitschaft und Geduld.

Das Verhältnis von Hoffmann und Werner dagegen wurde nie ein freundschaftliches, obwohl sich die beiden genialen Königsberger in Warschau näher kennenlernten und sogar eine Zusammenarbeit planten, zu der es dann aber nicht kam. Zu Werners zweiteiligem Drama »Das Kreuz an der Ostsee«, dessen zweiter Teil nie fertig wurde, sollte Hoffmann, der sich damals vor allem als Musiker fühlte, die Bühnenmusik komponieren, kam damit aber nicht weit, weil Werner Warschau verließ. Als beide später in Berlin wieder zusammentrafen und Hoffmann, der stellungslos war und buchstäblich hungern musste, den zu Ruhm und Wohlstand gekommenen Werner um Hilfe anflehte, speiste ihn dieser mit leeren Versprechungen ab. Danach trennten sich ihre Wege, in Hoffmanns Werken aber wurde des älteren Landsmanns noch mehrfach gedacht.

In der Erzählung »Nachricht von den neuesten Schicksalen des Hundes Berganza« wird ohne Namensnennung Werners Aufenthalt in Berlin erwähnt.

Abb. 9: E. T. A. Hoffmann. Zeichnung von Wilhelm Hensel, gestochen von Johann Passini.

Er wird darin als »*selbstsüchtig, eigennützig und perfid gegen Freunde*« bezeichnet, seine Bühnenwerke aber, die »*vielleicht bloß deshalb nicht mehr Glück auf der Bühne machten, weil die elenden Bretter zu schwach waren, das Kolossale zu tragen*«, werden »*wahrhaft poetisch*« genannt. Später in den »Serapionsbrüdern« wird Werner ein ganzes Kapitel gewidmet, sein Egoismus aber nicht mehr erwähnt. Hier nennt ihn Hoffmann einen genialen Dichter, der Gestalten geschaffen habe, die zum »*Größten und Stärksten*« der neuen Literatur gehörten, der später aber an unvereinbaren Gegensätzen, die in seinem Wesen angelegt waren, gescheitert sei. Der Widerspruch zwischen seinen »*sündigen Trieben*«, die er nie zu beherrschen vermochte, und der Berufung zur »*Heiligkeit*«, die der Wahn seiner Mutter in ihn gelegt hatte, habe ihn den Ausweg im Mystizismus suchen lassen, in dem er schließlich, »*wie von einem verderblichen Strudel ergriffen*«, untergegangen sei.

Da diese Charakterisierung Werners stark an unheimliche Gestalten aus Hoffmanns Erzählungen erinnert, liegt der Gedanke nahe, er habe bei der Erfindung des von sündigen Trieben beherrschten Mönchs Medardus in den »Elixieren des Teufels« an Zacharias Werner gedacht. Dass er als Geburtsort seines vom Teufel besessenen Paters das ostpreußische Kloster Heiligelinde wählte, erhärtet diese Vermutung, denn dieses wird ihm wahrscheinlich durch Werners »Kreuz an der Ostsee« bekannt geworden sein.

Zu Hoffmanns Erinnerungen an Werner gehören

Werner
Dichter der Söhne des Thales

Abb. 10: Zacharias Werner vorlesend.
Radierung nach einer Zeichnung von E. T. A. Hoffmann.

auch zwei Zeichnungen aus den Warschauer Jahren, von denen in den »Serapionsbrüdern« ebenfalls die Rede ist. Die eine zeigt ihn an einem Tischchen sitzend bei einer seiner von pathetischen Gesten begleiteten Vorlesung, bei der anderen handelt es sich um ein *»Brustbild in Lebensgröße, auf das sprechendste getroffen«*, durch das Hoffmann seinen Zechgefährten die Persönlichkeit Werners näherzubringen versucht. Diese glauben in den von buschigen Brauen beschatteten Augen des Porträtierten das unheimliche Feuer der Mystik entdecken zu können, da aber die übrigen Züge viel Menschliches zeigen, ja, sogar Witz und Ironie zu versprechen scheinen, wird am Ende der Debatte der Dramatiker Werner unter dem Anklingen der Gläser zum Ehrenmitglied des »Serapionsklubs« ernannt.

6.

Im Gegensatz zu Hitzig und Hoffmann, die ihr Kunstinteresse mit der gewissenhaften Erfüllung ihrer Berufspflichten zu vereinen wussten, empfand Werner die Berufsarbeit als eine Zumutung, die vernachlässigt werden konnte, weil sie seiner literarischen Berufung nicht entsprach. Auch war die untergeordnete Stellung eines Kammersekretärs, mit der er sich des fehlenden Examens wegen begnügen musste, für ihn schwer zu ertragen, doch lehnte er alle Angebote, die Prüfung nachzuholen, um dann befördert werden zu können, entschieden ab. Er wollte seine Geisteskräfte nicht an die ihm gleichgültigen Amtsgeschäfte verschwenden, suchte vielmehr nach einem Posten, mit dem er seinen Lebensunterhalt bestreiten konnte, ohne dafür arbeiten zu müssen, und da er ein starkes Sendungsbewusstsein als Dichter hatte, schien ihm dieser Wunsch durchaus berechtigt zu sein. Bekannte und Freunde, die Beziehungen zu Höhergestellten hatten, wurden wieder und wieder von ihm gebeten, in dieser Hinsicht für ihn tätig zu werden, und vermutlich knüpfte er manche Bekanntschaft aus diesem Grunde nur an. So hat er wahrscheinlich die Verbindung zu dem damals schon pensionierten Kriegsrat Johann Georg Scheffner, der ein Freund seines Vaters gewesen war, nur deshalb erneuert, weil dieser im Geistesleben Königsbergs eine bedeutende Rolle spielte und mit den Ministern Hardenberg, Schrötter und Struensee befreundet war. Da Scheffner auch Freimaurer war, konnte Werner bei ihm Interesse für seine »Söhne des Thals« erwecken, in seinen Briefen als Kenner der geheimnisvollen Geschichte der Freimaurer glänzen und dabei seine Wünsche einfließen lassen, für die der alte Herr Verständnis zu haben schien. Das Devote und Liebedienerische, das Werners Briefe an einflussreiche Personen auch in anderen Fällen haben, blieb bei Scheffner offensichtlich nicht ohne Erfolg.

Dieser aber ließ noch lange auf sich warten, und Werner fand andere Möglichkeiten, seiner langweiligen Arbeit kurzzeitig zu entgehen. Mehrfach beantragte er Urlaube, die er, später durchaus gerechtfertigt, mit der Erkrankung seiner Mutter begründete, und erstaunlicherweise bewilligten seine Vorgesetzten sie auch. Nachdem er schon 1799 ein halbes Jahr in Königsberg Urlaub gemacht hatte, ließ er sich vom Dezember 1801 bis April 1802 wieder freistellen, um dann im Sommer desselben Jahres, jetzt aber unter Verzicht auf sein halbes Einkommen, erneut als Krankenpfleger seiner Mutter tätig zu sein. Mit einigen Schwierigkeiten ließ er diesen Urlaub bis zum Tod seiner Mutter mehrmals verlängern, und da er danach noch die Erbschaft zu regeln hatte, trat er seinen Posten in Warschau erst im Frühsommer 1804 wieder an. Er war nun wohlhabend und nach zweimaliger Scheidung ein glücklicher Ehemann.

In Königsberg nämlich war er auf der bei ihm üblichen Suche nach willigen Frauen auch mit einer Luise Jorzig bekannt geworden, mit der er, wie er später behauptete, verkuppelt werden sollte, worauf er *»aus Tollheit, aus Ekel vor dem Cölibat, halb auch aus* [finanziellem] *Interesse«* eingegangen sei. Die Zweiundzwanzigjährige, die angeblich schon einige Liebhaber gehabt hatte, war die Tochter eines bereits verstorbenen Kriegsrats, also eines höheren Beamten, und brachte *»einige tausend Gulden«* in die Ehe mit. Geheiratet wurde, bevor er wieder nach Warschau musste, am 11. November 1799 in Königsberg in der Altrossgärter Kirche, aber glücklich wurden die beiden nicht.

»Es war eine jämmerliche Ehe, ohne Hass und ohne Liebe«, schrieb er drei Jahre später an einen Freund. *»Keiner von uns Beiden war eigentlich schlecht, aber Beide in einem hohen Grade leichtsinnig, gingen wir Einer den Landweg, der Andere den Stadtweg. Es äußerten sich bei meiner Frau Zeichen der Schwangerschaft, aber leichtsinnig, wie sie war, negligirte sie sich, und eine Fehlgeburt im zweiten oder dritten Monate war die Folge davon. Hätte sie ein Kind bekommen, ewig wäre ich der Ihrige geblieben; itzt erkälteten wir uns ganz gegeneinander. Im Frühjahr 1801 ließen wir uns mit beiderseitiger Einwilligung von der war-*

schauer Regierung [bei der auch die Rechtsprechung lag] *förmlich scheiden, wobei ich ihr mein letztes väter-* *liches Capital als Abtrag bezahlen musste. Itzt war ich* *zwei Frauen und den Rest des Väterlichen* [Erbes] *los.«*

Zum Glück für ihn war aber die dritte Ehefrau schon nahe, eine achtzehnjährige Polin, die einzige Frau, um die er auch Liebesleiden erdulden sollte, weil sie die einzige wahrhafte Liebe seines Lebens war. Als der Dreiunddreißigjährige ihr auf einer War-schauer Straße zum ersten Mal begegnete, *»fuhr«* ihm *»ihr Anblick wie ein Blitzstral ins Herz. Diese Grazien-gestalt war es, deren Bild mir zeitlebens dunkel vorge-schwebt hatte; sie war für mich bestimmt; ich liebte sie vom ersten Augenblicke, als ich sie sah.«*

Sie hieß Malgona Marchwiatowski, war die Toch-ter eines Schneidermeisters und sprach, als er mit ihr bekannt wurde, kein Wort Deutsch. Da er das Polni-sche nur mangelhaft beherrschte, erfanden sich die Liebenden, wie er behauptete, eine eigne Sprache und verstanden sich mit dieser *»recht gut«.* Malgona hatte, wie er schwärmte, eine *»edle, fast griechische schlanke Figur, eine äußerst energische Seele«* und einen Charakter, der von *»Rechtlichkeit und Wahr-haftigkeit«* bestimmt war. *»Sie ließe sich eher todt-schlagen, als dass sie eine Lüge sagte. Ihr Verstand ist scientifisch ungebildet (ich nehme mich auch sehr in Acht, ihn zu bilden), aber von Natur sehr richtig und tiefblickend, ihr Gedächtnis bis zu einem enormen Grade schwach, ihre Phantasie dagegen so rege, lebhaft und kühn, dass ich mit meinem sogenannten poetischen*

Talent gegen sie ein completter Stümper bin. [...] *Außer meiner seligen Mutter kenne ich kein Weib (und ich habe sehr viele Weiber sehr genau kennen gelernt) von einer so glühenden Phantasie, als meine itzige Frau. Ich bin so glücklich, dass sie mich heftig und ausschließlich liebt, mit ganzer Seele an mir hängt und kein anderes Vergnügen kennt als mich.«*

Schon am 27. August 1801, also noch im Jahr der zweiten Scheidung, heiratete er die geliebte Malgona und war entschlossen, ihr immer treu zu sein. Diese dritte Ehe glaubte er *»ins Idealische heraufstimmen«* zu können, änderte deshalb seinen unsteten Lebenswandel, um Malgona immer nahe zu sein. Er mied nun alle Vergnügungsstätten, die er sonst ständig aufgesucht hatte, und auch sie schlug die üblichen *»Kaffeevisiten«* der Damen aus. *»Im Winter verkrochen wir uns wie Dächse und lasen zusammen, d. h. ich radebrechte ihr aus dem Deutschen ins Polnische den Egmont, Götz von Berlichingen, Genoveva, Jungfrau von Orleans und den Macbeth.«*

Als er ihr die um Hilfe flehenden Briefe seiner kranken Mutter so gut es ging übersetzte, war sie es, die ihn zur Erfüllung seiner Sohnespflicht drängte und dann auch in Königsberg an der Pflege der Kranken beteiligt war. Doch wurde ihr ihre Fürsorge schlecht entgolten, sie wurde als Fremde sowohl von der Kranken als auch vom Dienstpersonal *»bis aufs Blut gemartert«*, und da Werner ihr aus Liebe zur Mutter nicht immer beistehen konnte, reagierte sie mit Eifersuchtsanfällen und zornigen Ausbrüchen auf diese »*Hölle*«, so dass nach dem Tode der Mutter die ideale Ehe für Malgona zu einer unterkühlten wurde, nicht aber für Werner, der weiterhin glücklich in ihr war.

Durch den Verkauf der Immobilien aus seines Vaters Erbe kam Werner nun in den Besitz von 10 000 Talern, gab seine Staatsstellung aber deshalb nicht auf. Da er befürchtete, allein von den Zinsen und den zu erwartenden literarischen Einnahmen den Lebensunterhalt für sich und seine Frau nicht bestreiten zu können, reiste er mit einem schwerbepackten Frachtwagen über Kloster Heiligelinde zurück nach Warschau, litt weiter unter der Aktenarbeit und setzte die Suche nach dem gewünschten »*Faulenzer-Posten*« in Briefen fort. Die Hoffnung, einen solchen in Berlin zu finden, war durch die Bemühungen Scheffners größer geworden. An eine Rückkehr nach Königsberg dachte er nicht.

7.

Der Minister Friedrich Leopold von Schrötter, den Scheffner für die Förderung Werners hatte gewinnen können, war mit Kant im Gespräch gewesen und hatte als Politiker später im Sinne der Aufklärung gewirkt. Nach 1807 gehörte er zu jenen verdienstvollen Beamten, die mit dem Freiherrn vom Stein zusammen die Reformierung Preußens durchsetzen konnten, doch hatte er auch schon vorher als Minister für Ostpreußen und die polnischen Gebiete Teilreformen in Gang gebracht. Wie sein Freund Scheffner war er Literaturliebhaber, und da er auch zu den Freimaurern gehörte, konnte er an den »Söhnen des Thals« Gefallen finden, deren Autor ihm der Förderung würdig schien. Über Scheffner ließ er ihm also im Sommer 1805 den Posten eines nur wenig beschäftigten Sekretärs in seinem Ministerium versprechen, konnte aber einen Zeitpunkt dafür noch nicht festlegen, da erst eine Stelle vakant werden musste. Von Werner wurde also geduldiges Abwarten verlangt.

Das aber fiel ihm von Tag zu Tag schwerer, da ihn nicht nur Sorgen praktischer Art wie die der rechtzei-

Abb. 11: Friedrich Leopold von Schrötter.
Künstler unbekannt.

tigen Kündigung der Mietwohnung bedrängten, sondern ihm auch die politische Lage Anlass zur Sorge bot. Denn die Spannungen zwischen Preußen und Russland verschärften sich ständig, der Ausbruch eines Krieges schien nahe zu sein.

Seitdem das Preußen Friedrich Wilhelms II. sich 1795 aus dem Krieg gegen das revolutionäre Frankreich zurückgezogen und im Abkommen von Basel zur Neutralität verpflichtet hatte, war es von allen Kriegen, die die Eroberungen Napoleons verursacht hatten, verschont geblieben, und der friedliebende Friedrich Wilhelm III. hatte die Neutralitätspolitik seines Vaters konsequent fortgesetzt. Als nun aber Russland, das mit Österreich und England ein Verteidigungsbündnis gegen Napoleon geschlossen hatte und seine Armee durch Schlesien marschieren lassen wollte, unter Gewaltandrohung von Preußen den Beitritt zu dem Bündnis verlangte, setzte der preußische König, um die Neutralität zu wahren, Teile seiner Armee in Marsch. Im Oktober 1805 schien ein Krieg unvermeidlich. Da aber die Österreicher erstaunlich rasch von Napoleon geschlagen wurden und die Russen sich eines Besseren besannen, kam statt des drohenden russisch-preußischen Krieges ein Freundschaftsbündnis der beiden Staaten zustande, zu dessen Besiegelung Zar Alexander I. Berlin und Potsdam besuchte und die in Warschau lebenden Preußen erleichtert aufatmen konnten, denn der Aufmarsch der Russen am anderen Ufer der Weichsel hatte sie mit berechtigter Sorge erfüllt.

Von dieser künden auch Werners Briefe, in denen sonst von politischen Fragen selten die Rede ist. Jetzt aber schien Politik alle seine Pläne zunichtezumachen, und auch sein Leben wurde durch sie bedroht. *»Die Russen«*, so schreibt er Ende September, *»ziehen sich immer näher nach der preußischen Gränze, sind schon über die Pilica gegangen, und der Keyser* [Zar] *selbst ist 14 Meilen von hier. Alles sieht kriegerisch aus, wir wissen nicht, woran wir sind und können in wenig Tagen die Russen in Warschau haben, wo wir von den blutdürstigen, uns feindlichen Pohlen alles befürchten können.«*

Anfang Oktober ist von dem *»sehr nahen Ausbruch des Krieges«* die Rede, die mögliche Flucht der preußischen »*Officianten*« per Schiff auf der Weichsel wird erwogen, und der beginnende Abzug der in Warschau stationierten preußischen Truppen löst Schrecken aus. »*Wir sind der Wuth des Pöbels preisgegeben. Zwar die Hausbesitzer wünschen keine neue Insurrection, die bedeutende Mehrzahl Warschaus besteht aber aus nackten Bettlern und Avanturiers, verabschiedeten pohlnischen Soldaten, einer Legion armer, versoffener Edelleute, kurtz aus Gesindel, das bei jedem Wechsel gewinnt und jetzt schon, das ist Thatsache, in Bier- und Branntweinschenken auf die Gesundheit des Keysers von Russland und Königs von Pohlen und auf den Untergang der Preußen trinkt. Von allen pohlnischen Einwohnern Warschaus sind, das will ich beschwören, wenigstens 9 Zehntheile russisch gesinnt und hassen uns Deutsche tödtlich. Marschiert also das* [preußische] *Militair aus, so sind wir Officianten das Stichblatt der Pöbelwuth.*« Seine Frau, so heißt es weiter, sei »*als Frau eines Deutschen*« noch gefährdeter als er.

Am 13. Oktober aber hatte die Not ein Ende. Zugleich mit der Meldung, dass der Zar die preußische Neutralität anerkenne und abrüste, erreichte Werner auch die Aufforderung des Ministers, sich nach Berlin auf den Weg zu machen, die gewünschte Stelle für ihn sei frei. »*Morgen früh reise ich, wills Gott, mit meiner Frau auf der ordinairen Post nach Berlin*«, schrieb er frohlockend an seinen Verleger Sander und legte ein Schreiben an Iffland bei, in dem er um den Termin einer persönlichen Unterredung ersuchte und um die Reservierung zweier Logenplätze im Nationaltheater für den 22. Oktober bat. An diesem Tage stand nämlich, wie man auch in Warschau wusste, Ifflands berühmte Inszenierung der »Jungfrau von Orleans« wieder auf dem Programm.

Die Reise, die der kränkelnden Ehefrau wegen für einige Tage in Posen unterbrochen wurde, ging ohne Schwierigkeiten vonstatten, und in Berlin stand eine bereits möblierte Wohnung in der Behrenstraße für das Ehepaar bereit. Zu danken hatten sie diese Fürsorge einem Manne, den sie erst im August dieses Jahres kennengelernt hatten, als er auf einer Inspektionsreise mit dem Minister Freiherrn vom Stein zusammen nach Warschau gekommen war. Er hieß Christian Kunth, war 47 Jahre alt, führte den Titel eines Geheimen Kriegsrats und war im Ministerium für das Fabrikwesen zuständig, doch war sein Name in gebildeten Kreisen aus anderen Gründen bekannt. Bevor er den Staatsdienst gewählt hatte, war er nämlich als Erzieher der Brüder Humboldt tätig gewesen, und deren spätere Bedeutung für das europäische Geistesleben hatte auch ihn bekannt gemacht. Mit Werner und seiner Frau war er als Literaturkundiger schnell vertraut geworden, und nach seiner Abreise aus Warschau hatte er sich liebenswürdigerweise brieflich dazu bereitgefunden, für den Berlin-Aufenthalt des Ehepaars durch Anmietung einer passenden Wohnung und deren Möblierung besorgt zu sein. Kunth war auch bei der Ankunft der Reisenden in Berlin wieder zur Stelle, half Werner, sich in der Stadt zurechtzufinden, und sprach fast täglich bei dem Ehepaar vor.

Bei Einladungen zum Minister Schrötter lernte Werner bedeutende Persönlichkeiten wie den Philosophen Fichte, den Bildhauer Schadow und den Kunstwissenschaftler Hirt kennen, und im Salon der Sophie Sander, der Frau seines Verlegers, wurde er mit Literaten der romantischen Schule bekannt. Er konnte die berühmte Henriette Herz besuchen und, was ihn besonders ehrte, Freundschaft mit Johannes von Müller schließen, den er immer den *»großen«* Historiker nennt. Dass er bei brieflicher Erwähnung dieser Freundschaft das berühmte Motto: *»Honny soit qui mal y pense«* (Ein Schelm, der Schlechtes dabei denkt) hinzusetzte, bezog sich auf Müllers allgemein

Abb. 12: Gottlob Johann Christian Kunth.
Lithographie eines unbekannten Künstlers.

bekannte homosexuelle Neigung, an der Werner keinen Anstoß nahm. Für ihn war wichtiger, dass Müller, wie er selbst, ein »*großer Religiöser*« war.

Überschattet wurde Werners Freude über die gute Aufnahme, die er bei den Berliner Geistesgrößen gefunden hatte, durch Sorgen um die geliebte Malgona, die schon auf der Reise mit Unwohlsein zu kämpfen gehabt hatte und sich in Berlin kaum aus dem Hause wagte, so dass er die Teegesellschaften ohne sie besuchen musste und abends allein ins Theater ging. Vier Monate schon war die »*Menses*« bei ihr ausgeblieben, und da auch ihre Brüste anschwollen, war eine von ihm mit Freuden begrüßte Schwangerschaft zu vermuten, die Anfang Dezember plötzlich mit einem »*Blutsturz*« zu Ende ging. Mit Schmerzen, die in Werner wüteten, als würde ihm »*das Herz aus dem Leibe gerissen*«, bangte er acht Tage lang um Malgonas Leben, um dann, kaum war sie halbwegs genesen, Folgendes von ihr hören zu müssen:

»Werner, du hast mir bey Eingehung unserer Ehe und fast immer gesagt, Liebe lasse sich nicht beschwören, wohl aber Treue. Treue habe ich dir gehalten, aber lieben kann ich dich nicht. Du weißt, dass fast kein Tag vergangen ist, wo wir uns nicht gezankt hätten. Wir leben beyde zusammen sehr unglücklich. Wir wollen uns auf eine gute Art trennen und Freunde bleiben, ohne uns zu lieben. Ich habe an dem Geh. Rath Kunth einen Mann gefunden, der mich redlich liebt, ihm habe ich mich vertraut, denn ich liebe ihn auch. Er will mich heyraten sogleich, wenn du darein einwil-

58

ligst. Verhindere mein Glück nicht und lass uns in Güte scheiden.«

Werner war wie betäubt vor Schmerz, als er das hörte. Er fiel vor ihr auf die Knie, küsste ihr die Füße und flehte sie an, bei ihm zu bleiben und ihn nicht lebenslang unglücklich zu machen. Und als er das tagelang wiederholte, sagte sie mit der *»ihr natürlichen ruhigen Kraft«*: Wenn er tatsächlich mit einer Frau, die ihn nicht liebe, leben wolle, würde sie sich ihm zum Opfer bringen. *»Aber bedenke, dass du uns beyde unwiederbringlich unglücklich machst!«*

Letzter Beweis seiner Liebe war, dass er sie in dem Bewusstsein, sie bei Kunth in guten und sicheren Händen zu wissen, endlich doch freigab. Denn Kunth, so erklärte er dem Freund Hitzig, sei ein Mann reicher Kenntnisse und edlen Charakters, der *»ein nicht unbeträchtliches Vermögen«* besäße und jährlich 10 000 Gulden verdiene. Auch habe Kunth ihr, für den Fall, dass er vor der Hochzeit schon sterbe, testamentarisch sein gesamtes Vermögen verschrieben. *»Er gewährt ihr tausend Bequemlichkeiten, die ich ihr bey aller Liebe meines Charakters und beschränkten Etats wegen nicht bieten konnte. Wenn sie ihn liebt und er sie, was beyde heilig versichern«*, könne er sie nicht guten Gewissens halten, denn sie glücklich zu wissen, sei sein *»sehnlichster Wunsch«*.

Nach tränenreichen Unterredungen mit Malgonas künftigem Gatten, an denen sich als Zeuge Alexander von Humboldt beteiligte, wurde der Wechsel also beschlossen und die Scheidung beim Kammergericht eingereicht. Das Urteil wurde noch etwas verzögert, da Malgona mit ihren 22 Jahren nach dem Preußischen Allgemeinen Landrecht von 1794, das man auch in den polnischen Gebieten eingeführt hatte, das Mündigkeitsalter noch nicht erreicht hatte, und deshalb die Einwilligung ihres Vaters nötig war. Dessen ungeachtet zog aber Malgona am Ende des Jahres aus der ehelichen Wohnung schon aus. Wenig später wurde sie, die sich jetzt Margaretha nannte, Kunths Frau, sie gebar ihm vier Kinder und starb erst 1863.

»Verdammen Sie mein armes junges Weib nicht«, schrieb Werner an Hitzig. *»Entziehen Sie ihr nicht Ihre Liebe und Achtung, deren sie bei Gott werth ist. [...] Ich werde mich von ihr trennen, werde sie nicht besuchen, ihr Glück und ihren Frieden nicht stören. Aber im innersten meiner Seele werde ich sie ganz still lieben bis in die Gruft. [...] Ich bin kein böser Mensch, ich habe ihr redlich die Treue gehalten und an kein anderes Weib gedacht, geschweige denn eine andere berührt, so wahr mir Gott in meiner letzten Noth helfen wolle! Ich habe sie redlich geliebt, aber das ist auch Alles! Ich bin in mehrerer Hinsicht, außer worin Gott mich stärkt, ein Schwächling. Leiden und Kummer haben mich früh alt gemacht. Ich bin unreinlich, mürrisch, launenhaft, sparsam (was ich seyn muss), lebe immer in meinen offt albernen Phantasien. Wie konnte das junge Weib, die Arme, mit mir glücklich seyn? Ich hätte klüger seyn, der Sucht, geliebt zu werden, früher entsagen, kein weibliches Geschöpf aufs neue in die unerbittlich grässliche Nemesis, die mich verfolgt, verflechten sollen.*

Mein Weib ist schuldlos, entziehen Sie ihr Ihre Liebe nicht! — Was mich betrifft, so ist freylich der Glanz meines Lebens und der letzte Rest der Hoffnung weggewischt. Der Gedanke, ewig allein zu seyn und allein zu sterben, ergreifft mich besonders in der Stille der Nacht mit fürchterlicher Wuth. Noch ist mein ganzer Kopf dumpf und leer. Aber Gott, dem es gefällt, mich wie die Märtyrerin, meine Mutter, auf dunklen Wegen zu sich zu führen, wird mich stärken, wenn es sein Wille ist. Seinem heiligen Werke will ich mich, von allen anderen Banden der Natur losgerissen, unausgesetzt und ausschließlich widmen, seinem Wink will ich folgen und seinem Ruf, der jezt laut zu mir spricht. Seelen will ich ihm gewinnen, sie sollen mir Vater, Mutter und Frau seyn. Ich habe jetzt keinen als Gott!«

8.

Das zweiteilige Drama »Die Söhne des Thals« (manchmal auch »des Thales«), das Werner nach dem Vorbild von Schillers »Wallenstein« als »Dramatisches Gedicht« bezeichnete, kann man ein Lesedrama nennen, weil es schon seines Umfangs wegen für die Bühne wenig geeignet ist. Eine im 20. Jahrhundert gedruckte Neuausgabe ist über 400 Seiten lang.

Iffland, der an einzelnen Szenen dieses Erstlingswerks dramatisches Talent erkannte, ließ sich, um den Autor für das Berliner Theater zu gewinnen, auf eine Zusammenarbeit mit ihm ein. Das Stück als Ganzes aber wollte er in der ursprünglichen Fassung nicht auf die Bühne bringen, schlug vielmehr vor, aus den zwei Teilen einen zu formen und diesen durch weitere Kürzung spielbar zu machen, aber darauf ging Werner nicht ein. Er glaubte, auf die Länge des Stücks und die Masse der Darsteller nicht verzichten zu können, und lehnte auch Veränderungsvorschläge, die sich auf die mystischen Bestandteile und die Vielfalt der Versformen bezogen, entschieden ab. Erst 1807, als Werner sich schon einen Namen gemacht

Abb. 13: Titelblatt der »Söhne des Thales«,
1803 im Berliner Verlag Sander erschienen.

hatte, brachte Iffland eine gekürzte Fassung des ersten Teils auf die Bühne. Der Erfolg aber war gering.

Werner, der seine dichterische Berufung als eine Art Apostelamt betrachtete, wünschte sich ein Theater, dessen Wirkung der des altgriechischen ähnlich war. So wie der Zuschauer der Antike durch Darstellung heidnischer Mythen geläutert wurde, sollte das gegenwärtige Publikum durch christliche Mythen erfahren können, wie die gottlose und damit unmenschlich gewordene Welt zu verbessern war. Kunst und Religion waren deshalb für ihn identisch. *»Warum haben wir noch nicht einen Nahmen für diese beiden Synonima?«*, heißt es in einem seiner Briefe aus dieser Zeit. Wie für den jungen Schleiermacher, dessen 1799 erschienene Schrift »Über die Religion. Reden an die Gebildeten unter ihren Verächtern«, war Religion für ihn nicht an kirchliche Lehren gebunden, sie konnte nur gefühlt und erfahren werden, in ihrer höchsten Form durch das mystische Einswerden des Geistes mit dem Universum, also mit Gott.

In diesem christlich-romantischen Geiste wurden Werners erste Theaterstücke geschrieben, doch zeig-

Abb. 14: Zacharias Werner im Alter von zweiunddreißig Jahren. Künstler unbekannt.

ten sich in ihnen auch katholische Tendenzen, die sicher mit dazu beitrugen, dass Iffland sich ihrer Aufführung verschloss. Für sein Berliner Publikum schienen ihm besonders die mystischen Passagen ungeeignet zu sein.

Thema der »Söhne des Thals« ist das gewaltsame, von mancherlei Geheimnis umgebene Ende des mächtigen Ordens der Tempelritter zu Beginn des 14. Jahrhunderts, das zum beliebten Forschungsobjekt für Historiker wurde, als historisches Vorbild durch Karl Gutzkows großen Epochenroman »Die Ritter vom Geist« lebendig erhalten wurde und immer wieder Anlass zu politischen Legendenbildungen gab. Heutzutage leben die Tempelritter häufig in trivialen Romanen und Filmen weiter, wo sie vorwiegend als Anstifter oder Bekämpfer von Weltverschwörungen tätig sind.

Für Werner war das Ende der Tempelritter mit den Anfängen der Freimaurerei verbunden. Sein Interesse für Orden und Geheimgesellschaften war zu seinen Lebzeiten, in denen die alten Ordnungen durch Revolutionen erschüttert wurden, allgemein gegenwärtig, auch Romane wie Meyerns »Dya-Na-Sore«, Grosses »Der Genius« und »Die unsichtbare Loge« Jean Pauls zeugen davon.

Im ersten Teil der »Söhne des Thals«, der den Titel trägt »Die Templer auf Zypern«, wird die kommende Katastrophe, die dann im zweiten Teil mit dramatischer Wucht einsetzt, umständlich vorbereitet, und neben vielen anderen Personen wird der Großmeister des Ordens Jacques de Molay, der bei Werner Jacob von Molay heißt, eingeführt. Bei der Beratung der gegen den Orden erhobenen Anklagen wird deutlich, dass diese zwar sämtlich erfunden wurden, um den Orden vernichten zu können, dieser aber seiner Verweltlichung wegen tatsächlich der Erneuerung bedarf. Seine Wiedergeburt jedoch muss durch seinen Untergang erfolgen, damit die seligen Geister die Menschheit aus dem »Tal« genannten Jenseits leiten können, zum Menschlichen und Gerechten und damit Göttlichen hin. In den Versen des Prologs klingen diese Gedanken so:

> »*Auch bei den Templern war sie* [die heilige
> Flamme] *ausgeglommen –*
> *Nur Schatten sind's der alten Herrlichkeit! –*
> *Das heil'ge Land ist ihnen schon entnommen,*
> *Schon sind sie wieder in die Welt zerstreut;*
> *Nur wenig sind noch übrig von den Frommen,*
> *Der Orden ist dem Tode schon geweiht;*
> *Nicht seiner Feinde Zahl ist sein Verderben,*
> *Er muss an seinem eig'nen Unwert sterben.*

[...]

> *Es war dem Tempelbund von Gott erkoren,*
> *Dass durch den Tod er würde neu geboren!*
> *Und darum triumphieret auch die Reine –*
> *Ein Scheiterhaufen tilgt die Wahrheit nicht! –*
> *Sie stirbet nicht, die heilige Gemeine,*

Denn aus der Asche dämmert erst das Licht.
Erst löset sich das Fleisch von dem Gebeine,
Und dann erst wird der Körper aufgericht't: —
Doch, bis die Nacht des Grabes sich verzogen,
Zeigt Euch die Kunst den ew'gen Bundesbogen. —«

In den langwierigen ersten Teil ist eine dramatische Episode um den jungen schottischen Ritter Robert d'Heredon eingewoben, der, wie ein Jahrzehnt später Kleists Prinz von Homburg, für den Sieg, den er dem Befehl zuwider errungen hat, seines Ungehorsams wegen hart bestraft werden muss. Er wird aus dem Orden ausgestoßen, darf aber am Schluss des zweiten Teils wieder auftreten, weil er den Großmeister befreien will. Die Befreiung darf aber nicht erfolgen, da nach der These des Stücks der Untergang des Ordens seiner Erneuerung vorangehen muss: *»Denn aus der Asche dämmert erst das Licht.«* Dass damit der Grundstein zur Freimaurerei gelegt wird, ist im Text nicht ausdrücklich gesagt, aber gemeint.

Als Verkörperung des Gottlosen, Unmenschlichen, Ungerechten agiert der französische König Philipp IV., genannt der Schöne, der die Unabhängigkeit des Ordens nicht dulden will und gierig nach seinen Schätzen ist. Er lässt die Tempelritter in ganz Frankreich an einem Freitag, dem 13., mit einem Schlage verhaften, mit erfundenen Anklagen vor ein ihm ergebenes Gericht stellen und die führenden Männer auf dem Scheiterhaufen verbrennen, worauf der Orden von Papst Clemens V. verboten wird.

Im Gegensatz zu den faden mystischen Szenen, die unter den Söhnen des Tals, also in einem irdisch verorteten Jenseits spielen, sind die Gerichtsszenen mit ihren überraschenden Wendungen von dramatischer Eindringlichkeit. Die gekauften Zeugen und korrupten Richter, die die von Folter gezeichneten Angeklagten zum Eingeständnis von Ketzerei, Götzenanbetung und Sodomie zwingen wollen, haben damalige Leser wahrscheinlich an Pariser Revolutionstribunale erinnert, während man heute wohl eher an die ähnlich ablaufenden politischen Schauprozesse des 20. Jahrhunderts denkt.

Dieses überdimensionierte Bühnenstück wird als Ganzes die Bühne nie erobern können, es birgt aber in den konkreten Szenen des zweiten Teils Schätze, die noch zu entdecken sind. Der Versuch, eine christlich-freimaurerische Mythologie zu erschaffen, ist Werner hier in großartiger Weise misslungen. Wie er im Untergang der Kreuzesbrüder das Bleibende der freimaurerischen Utopie aufscheinen lassen wollte, ist im Epilog so ausgedrückt:

>»Gesungen hab' ich euch, ihr Kreuzesbrüder,
Was sich mit euren Vätern einst begab.
Der alte Tempel sank in Nacht darnieder;
Ein neuer zeigte glorreich dann sich wieder;
Und neu erobert ward das heil'ge Grab.
Vergebens waffnet sich der Staub auf Erden;
Das Heilige kann nie vernichtet werden.«*

Auch das zweite, in Warschau und Berlin entstandene Drama Werners sollte zwei Teile haben, erhalten ist aber nur der in sich abgeschlossene erste, der unter dem Titel »Das Kreuz an der Ostsee. Erster Theil: Die Brautnacht« 1806 bei Sander in Berlin erschien. Der zweite, nicht überlieferte Teil war offensichtlich zur Hälfte auch schon geschrieben, denn E. T. A. Hoffmanns oben schon erwähnte positive Bemerkung über Werners eindrucksvolle Bühnengestalten bezieht sich auf ihn. Wahrscheinlich hat Ifflands Ablehnung, das Stück auf die Bühne zu bringen, wesentlich dazu beigetragen, dass Werner den Mut zur Fertigstellung verlor.

Auch dieses Stück spielt im Mittelalter, und wieder gehören zu den handelnden Personen auch Ordensritter, aber nicht die Templer mit dem roten Tatzenkreuz auf dem weißen Mantel, sondern die Ritter des Deutschen Ordens, deren schwarzes Balkenkreuz auf weißem Mantel sich später zum Schwarzweiß der preußischen Farben wandelte und in Rudimenten des Kreuzes noch heute deutsches Militärgerät dekoriert.

Wie in der Vorrede des Stückes gesagt, wurden die dem Handlungsverlauf zugrunde liegenden historischen Tatsachen einer »Geschichte Preußens« entnommen, deren Verfasser der 1756 geborene ostpreußische Historiker und Schriftsteller Ludwig von Baczko war. Obwohl im 21. Lebensjahr gänzlich erblindet, hatte Baczko sein Hauptwerk über die ostpreußische Geschichte beenden können. Zwischen 1793 und 1800 kam es in sechs Bänden auf den Markt.

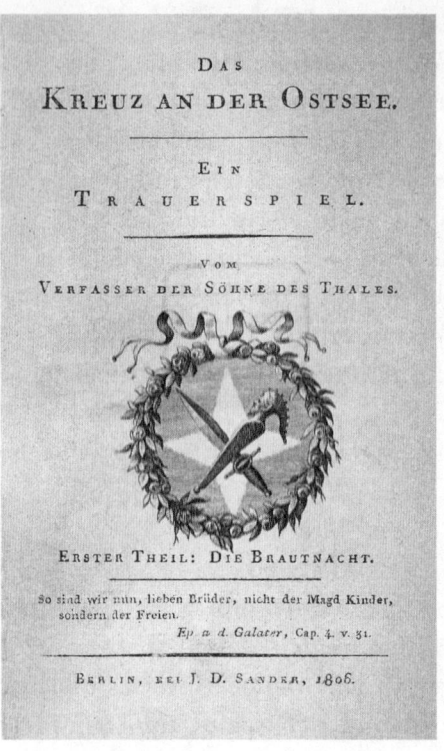

Abb. 15: »Das Kreuz an der Ostsee«.
Titelblatt des 1806 erschienenen ersten Teils.

Das bis heute noch wichtige Werk enthält auch ausführliche Darstellungen der Kultur und Religion der preußischen Ureinwohner, die Werner so stark beeindruckten, dass sein Stück streckenweise mit Wissenswertem über heidnische Götter, Rituale und Opferstätten überlastet wird.

Diese Ureinwohner, baltische Stämme, die meist Pruzzen oder Prußen genannt werden und bei Werner Preußen heißen, hatte der in Plozk residierende polnische Herzog Konrad von Masowien nach vielen Grenzkriegen besiegen und zu Christen machen wollen, war aber an deren Widerstand gescheitert und hatte den Deutschen Orden um Hilfe ersucht. Die durch diesen dann erfolgte Eroberung und Christianisierung des Preußenlandes sollte das Hauptthema des Stückes werden, zu dem die »Brautnacht« nur eine Art Vorspiel war. Werners Anliegen war aber nicht, wie man vermuten könnte, ein nationales, sondern ein christliches. Es ging ihm nicht um die Erweiterung deutschen Siedlungsraumes nach Osten, sondern um die Verbreitung christlichen Glaubens, dessen Liebesgedanke den rohen Sitten der Heiden, deren Götter Menschenopfer forderten, ein Ende macht. Der hier siegreiche christliche Gott der Nächstenliebe ist aber für Werner auch einer, der von den Gläubigen die Beherrschung sinnlicher Triebe fordert, von deren höchster Form, der Entsagung, die »Brautnacht« handelt. Diese nämlich findet nicht statt.

Im Stück wird in Plozk, wo Werner nach eignem Bekunden die zwei schönsten Jahre seines Lebens verbrachte, die Tochter des Herzogs von Masowien, eine polnische Schöne, die Werner nach seiner geliebten Malgona benannt hat, mit einem (nicht Werner, aber doch) Warmio verheiratet, der ein Sohn des obersten Fürsten und Priesters der heidnischen Preußen ist. Er war von den Polen gefangen worden und hatte sich zum Christentum bekehren lassen, weshalb er von seinem Bruder, der die anrückende Streitmacht der

Preußen befehligt, verachtet und als Verräter zum Tode verurteilt wird.

Die Bedeutung der Namensgebung der Liebenden hat Werner später einmal deutlich erklärt. Er sei der Warmio, schrieb er, *»und meine gewesene Frau die Malgona. Beydes sind Portraits, meines ist etwas idealisiert, das meiner Frau ist es gar nicht, sondern vielmehr bloß der Natur Zug für Zug nachcopiert, aber zum Sprechen getroffen, was ich freylich allein beurtheilen kann, weil ich der einzige Mensch auf dieser Welt bin, der sie kennt und kennen kann.«*

Zwei Deutschordensritter, so der Verlauf des Stücks, sind als Abgesandte des Hochmeisters des Deutschen Ordens mit ihrem Gefolge von Kriegsknechten am Hochzeitstag in Plozk eingetroffen, um die Bedingungen zu verhandeln, unter denen der Orden in den Krieg gegen die Preußen eingreifen kann. Da Herzog Konrad zum polnischen König nach Krakau gerufen wurde, müssen sie mit seiner Gattin Agaphia verhandeln, die sich als klug und resolut erweist. Sie darf Werners Ansicht verkünden, dass die Frauen der Polen oft mehr als die Männer taugen und häufig deren Aufgaben erfüllen müssen, und das Vorurteil gegen Deutsche, das sich in der Redewendung äußert, dass nie ein Pole einen Deutschen als *»Bruder küssen«* könne, teilt sie nicht.

In den turbulenten Kämpfen gegen die angreifenden Preußen erweisen sich Polen und Deutsche im Streit für das Christentum als treue Bundesgenossen, doch deutet ein Dialog auch schon die spätere Feindschaft zwischen beiden Völkern an. Wenn Agaphia die Meinung äußert, dass das Eingreifen der Deutschen vielleicht *»Sarmatiens Geschick auf ewig«* bestimme, fragt ihre Tochter Malgona: *»Auch zum Guten, Mutter?«*

Die Szenen, in denen sich Polen und Deutsche am Hofe der Herzogin Agaphia tastend einander nähern, sind zweifellos die am besten gelungenen des Dramas, das leider durch Werners Neigung, Mystisches in die Handlung zu verweben, das Dramatische weitgehend verliert. Ein alter Spielmann, der den wiedergekehrten Heiligen Adalbert von Prag, den Missionar der Preußen aus dem 10. Jahrhundert, verkörpert, darf hier nicht nur die Kämpfe zum Heile der Christen wenden, sondern auch die unchristlichen Sinnenfreuden der Hochzeitsnacht verhindern, indem er in Malgona den Willen zur Entsagung weckt. Als der geliebte Warmio, den die geistigen Kräfte des Spielmanns noch nicht haben wandeln können, Malgona durch Umarmung und *»Glutkuss liebend zu süßer Liebe«* verführen will, spürt auch sie wieder *»Feuer in ihren Adern wüten«*, das sie als der *»Hölle Geister«* empfindet, doch kann ein Blick auf das Marienbild, vor dem diese in lyrische Verse gefasste Szene sich abspielt, ihr nicht nur den Willen zur Entsagung zurückgeben, sondern diesen auch dem Geliebten vermitteln, der, bevor die Feinde ihn niederschlagen und das Stück endet, sie bittet, ihm künftig nicht Braut, sondern *»Schwester«* zu sein.

Dass Iffland die »Brautnacht« für sein Theater

nicht haben wollte, ist also verständlich. Da er aber, wie er schrieb, in Werner *»Ersatz für den schmerzlichen Verlust Schillers«* zu finden hoffte, machte er ihm, was er wenige Jahre später bei Heinrich von Kleist versäumte, Mut durch einen langen Brief. Versüßt durch eingestreute lobende Worte, hat er darin seine Kritik ausführlich begründet: Für die zahlreichen Rollen der Preußen mit ihren rohen Sitten habe er nicht die Schauspieler, die sie glaubhaft darstellen könnten. Der meisterhaft angewandte Kunstgriff, für jede Stimmung eine andere Versart zu verwenden, überfordere die Schauspieler. Der Spielmann, dessen Rolle der Autor Iffland selbst zugedacht hatte, rede zu viel und zu lange, um als Heiliger wirken zu können, und überhaupt sei die Mystik des Stücks zu *»fremdartig«* für die Berliner, die sicher auch daran Anstoß nehmen würden, dass der Autor dieses katholisch anmutenden Schauspiels ein preußischer Staatsdiener sei.

»Das Resultat aller dieser Ifflandischen Bemerkungen ist«, so schrieb Werner an Sander, *»mein Schauspiel könne nicht gegeben werden, theils weil es der Ärmlichkeit der Bretterbühne nicht zusage, theils weil es in diplomatischer Hinsicht durch (wenn gleich sehr sanfte) Seitenhiebe auf die monarchische Verfassung überhaupt und durch eine sehr treue (mithin hässliche) Darstellung der Pohlen Anstooß geben könnte.«*

Da wir von diesem kritischen Brief Ifflands nur durch Werner etwas wissen, ist unbekannt geblieben, was Iffland mit den Seitenhieben auf die Monarchie gemeint haben könnte. Politische Kritik war Werners Sache sonst nicht. Hinsichtlich der Darstellung der Polen war Werner ganz anderer Meinung als Iffland. Er war überzeugt, eine *»so treu dargestellte Schilderung des pohlnischen Nationalcharackters«* gegeben zu haben, wie sie *»in noch keinem deutschen Kunstwerke«* bisher zu finden war. Besonders gelungen seien ihm dabei die *»weiblichen Rollen, sie bilden gewissermaßen einen Cyclus pohlnischer Weiblichkeit. Alle pohlnischen Charactere sind nach dem Leben gezeichnet, ich habe sie bey meinem elfjährigen Aufenthalte in hiesiger Provinz unablässig studiert und hoffe umsomehr, dass diese Portraits einigen Effect nicht verfehlen werden, als unsre Nation nunmehr mit der sarmatischen doch amalgamirt ist.«*

Mit seiner Ablehnung der »Brautnacht« stand Iffland in Berlin nicht allein. Als das Stück im Salon der Frau Sander den jungen romantischen Dichtern vorgelesen wurde, konnten diese ihm *»wenig Geschmack abgewinnen«*, wie Varnhagen schrieb. Iffland aber wollte Werner für sein Theater unbedingt erhalten, regte ihn deshalb dazu an, ein bühnengerechtes Stück speziell für ihn zu schreiben, und als sich Werner dazu bereit erklärte, schlug er ihm einige Stoffe aus der deutschen Geschichte vor.

Werner bewies, dass er den Hoffnungen, die Iffland in ihn setzte, gerecht werden konnte. In vier Monaten schon hatte er das Schauspiel, das ihn berühmt machen sollte, niedergeschrieben, und Iffland hatte die Arbeit von Akt zu Akt kritisch überwacht. Thema

*Abb. 16: August Wilhelm Iffland. Gezeichnet von
Johann Heinrich Schröder, gestochen von Jean Joseph Laurens.*

des Stückes war die Reformation in Deutschland, seine Hauptgestalt Martin Luther, die, wie Werner sich erhoffte, die Kritik an seinem Katholizismus ein für alle Mal beenden würde. Aber da täuschte er sich.

9.

Im Gegensatz zu den vielen Zugereisten, die in Berlin immer relativ rasch heimisch wurden und das städtische Leben mitbestimmten, gewöhnte Werner sich in der Stadt nicht ein. Obwohl viele Geistesgrößen dem Verfasser der »Söhne des Thals« freundlich entgegenkamen, die Salons ihm offenstanden und Iffland ihm seinen größten Theatererfolg bescherte, blieb er der Fremde, der nicht dazugehörte, weil er an den politischen Spannungen, die sich im Herbst dieses Jahres in Preußens größter Katastrophe entladen sollten, keinen Anteil nahm.

Die konsequente Neutralitätspolitik Friedrich Wilhelms III. hatte Preußen zwar von den bisherigen napoleonischen Kriegen verschonen können, es nun aber in eine prekäre politische Lage gebracht. Durch ein von Napoleon erzwungenes Abkommen hatte es Hannover besetzen und sich dadurch mit England verfeinden müssen, während Napoleon zum Protektor der von ihm abhängigen deutschen Länder geworden war. Durch die Gründung des Rheinbundes und die Abdankung des Kaisers, die das Ende des Heiligen

*Abb. 17: Das Neue Schauspielhaus auf dem Berliner
Gendarmenmarkt, 1802 von Karl Gotthard Langhans erbaut.*

Römischen Reiches auch formell besiegelt hatten,
war in Preußens gebildeten Schichten ein stärkeres
nationales Empfinden erwacht. Zwar war Deutschland immer politisch zerrissen gewesen, doch hatte
sich in den letzten Jahrhunderten ein Bewusstsein
der kulturellen Einheit der Deutschen entwickelt,
das nun erstarkte, weil es gefährdet war. Napoleons
Siege hatten einen deutschen Patriotismus erwachen
lassen, der sich zum Beispiel an Werken Kleists,
Schleiermachers und Fichtes in dieser Zeit ablesen
lässt.

In den regierenden Kreisen Berlins war man sich
uneins darüber, wie der von Napoleon ausgehenden
Bedrohung zu begegnen war. Während viele Minister, Prinzen und Generäle gegen die Neutralitätspoli-

tik des Königs opponierten, weil sie Napoleons Macht-
ausweitung militärisch eindämmen wollten, rieten
andere zu einem Bündnis mit ihm. Ein ähnliches
Für und Wider zeigte sich in der öffentlichen Meinung, die sich stärker politisierte als je zuvor. Überall,
wo Menschen zusammenkamen, konnte es zu politischen Verlautbarungen kommen, so auch im Theater,
wo es jetzt zu Ifflands Ärger häufiger zu Missfallens-
oder Beifallskundgebungen aus politischen Anlässen
kam.

Während also Feinde und Freunde Napoleons miteinander stritten, Konservative und Reformer uneins
waren und die Frage nach Krieg oder Frieden ent-
zweiend wirkte, blieb Werner von allen diesen Pro-
blemen und Parteiungen unberührt. Ihm, der auf die
Vergöttlichung der Menschheit zielte, waren weder
Preußen noch Deutschland wichtig, er wollte höher
hinaus. Abgesehen von der vereinzelt stehenden Bemerkung, dass »*Patriotismus wie Schnupfen*« anstecke,
zeigen seine Berliner Briefe, dass sein politisches Interesse im Gegensatz zum religiösen unterentwickelt
war.

Anhänger oder gar Freunde seiner christlichen Li-
teraturtheorien konnte er in Berlin nicht erwerben,
und selbst die Romantiker, deren Werke ihn beein-
flusst hatten, blieben ihm persönlich fremd. Dafür
bezeichnend ist eine von Varnhagen überlieferte
Anekdote, nach der Schleiermacher Werners Versi-
cherung, »*er kenne die Reden über die Religion fast
auswendig*«, mit der Bemerkung, das tue ihm leid,

beantwortet habe, denn vieles darin sei falsch gewesen und werde für die zweite Auflage korrigiert.

Auch Chamisso, Varnhagen und ihre dichtenden Gefährten des Nordsternbundes wahrten Distanz zu Werner, obwohl sein Freund Hitzig, der aber noch in Warschau lebte, einer der Ihren war. Was sie an ihm befremdete, war nicht der christliche Glaube als solcher, sondern sein Hang, ihn immerfort im Munde zu führen und anderen aufzudrängen, also missionarisch tätig zu sein. Im Salon der Sophie Sander traf er mit diesen jungen Dichtern zusammen, aber da er sich immer als der Ältere und Weisere aufspielte, dauernd vom Allmächtigen redete und mit liebenswürdiger Forciertheit auch Bekehrungen versuchte, waren sie, statt ihn ernst zu nehmen, von seinem Auftreten peinlich berührt. Auch in seinen Briefen an sie, die von übertriebener Herzlichkeit waren, klang sein religiöses und literarisches Besserwissen in ärgerlicher Weise an. Varnhagen fand ihn persönlich geradezu »widrig« und konnte in seinen christlichen Theorien nur »verrückte Ideen« sehen.

Persönliche Sympathie erweckte er in Berlin also nur selten, und obwohl man sein Talent als Dramatiker nach dem Erfolg seines Luther-Schauspiels kaum noch bestreiten konnte, wurde er durch die der Premiere folgenden Diskussionen vergrämt. Während die einen Kritiker den Reformator falsch aufgefasst fanden und auch wieder Katholisches entdeckten, hielten andere die Zurschaustellung des Reformators als solche für Blasphemie. Das heftige Hin und Her über solche Fragen trug zwar dazu bei, Werners Namen bekanntzumachen, verdunkelte aber sein schon durch Malgona verwundetes Gemüt noch mehr. Als Iffland mit seiner erfolgreichen Inszenierung auch in anderen Städten gastierte, wurde Werner berühmt in ganz Deutschland, aber Zufriedenheit oder gar Glück brachte ihm der Erfolg nicht. Den Anforderungen einer Öffentlichkeit, die ihn teilweise ablehnte, fühlte er sich nicht gewachsen, und da es ihm schwerfiel, die noch immer geliebte Malgona seinem Versprechen gemäß zu meiden, kehrte er der Stadt häufig den Rücken, aber auch auf der Fahrt nach Dresden blieb der Schmerz um Malgona sein Reisebegleiter, der in diesen Tagen das Gedicht »Tharands Ruinen« entstehen ließ:

»Nur wer die Trennung kennt, versteht das Sehnen,
An der Geliebten ewig fest zu hangen
Und Lebensmuth aus ihrem Aug' zu trinken!
Er kennt das schmerzlich selige Verlangen
Dahin zu schmelzen in ein Meer von Thränen
Und aufgelöst in Liebe zu versinken!
Wie mir die Bilder winken,
Die alten! – Ach, sie nahen um zu fliehen!
Was hilft das Thal mit seinen grünen Gluthen,
Die Strahlen, welche golden niederfluthen,
Ich seh nur Geister mich zum Abgrund ziehen!
Wozu soll ich die goldenen Blüthen pflücken,
Darf ich doch nie mehr das Geliebte schmücken!«

Auf der Suche nach Ruhepunkten entdeckte er auch die Schönheit der Umgebung Berlins. Kurzzeitig stand ihm das Landhaus eines Hofrats im nahen Rüdersdorf zur Verfügung, dann fand er auf dem weiter entfernten Gut Lindenberg eine Bleibe, in die er sich auch später noch flüchtete, wenn er ruhebedürftig war.

Das Gut Lindenberg, zwischen Storkow und Beeskow gelegen, war zu Anfang des 18. Jahrhunderts im Besitz der Familie von Canstein gewesen, von der die Initiative zur Gründung der noch heute bestehenden Cansteinschen Bibelanstalt ausgegangen war. Zu Beginn des neuen Jahrhunderts war Lindenberg, wie viele adlige Güter in diesen reformbedürftigen Jahren, in bürgerlichen Besitz übergegangen, und der neue Gutsherr, ein Kammerrat Carl Friedrich Kunicke, den Werner wahrscheinlich im Dienst kennengelernt hatte, nahm ihn für acht Wochen in seine Familie auf. Hier hatte er, wie er schrieb, *»das unschäzzbare Glück«*, keine Kritiken lesen zu müssen, *»so oft es die Nässe erlaubt im Grase liegen«* zu können und manchmal wohl auch, wie sein »Lindenberger Lied« vermuten lässt, mit anderen fröhlich zu sein.

Dieses Trinklied, mit »Lindenberg, den 14. August 1806« datiert, stellt unter Werners vorwiegend ernsten, weihevollen, selbstquälerischen oder religiösen Gedichten eine Ausnahme dar. Es imaginiert das Bild einer sorglosen Gesellschaft unter blühenden Linden im ländlichen Garten, die beim Klingen der Gläser in Wechselgesängen Liebe und Freundschaft preist.

Zeitbezüge, wie die auf den wenig später beginnenden Krieg, sind vermieden, und der Gemütszustand des Autors klingt in der Klage über Liebesleiden, die sich nicht wegsingen lassen, nur verhalten an.

Später heißt es einmal in einem seiner Briefe: *»Ich bin fürchterlich einsam im Gewühl, meine erwürgte Liebe ist ein Wurm, der mich ewig nagt. Ich bin lebendig todt.«*

10.

Als »Die Weihe der Kraft« am 11. Juni 1806 im Nationaltheater am Gendarmenmarkt uraufgeführt wurde, war die mit Titelvignette, sechs Kupferstichen und einer Notenbeilage geschmückte Buchausgabe noch nicht auf dem Markt. Sie erschien erst ein halbes Jahr später unter dem Titel »Martin Luther oder Die Weihe der Kraft. Eine Tragödie vom Verfasser der Söhne des Thales« und war mit ihren 380 Seiten sehr viel umfangreicher als die von Iffland für die Bühne gekürzte Fassung, die mit »Die Weihe der Kraft. Ein Ritterschauspiel« betitelt war. Der große Erfolg der Aufführung, der sowohl Ifflands aufwendiger Inszenierung und seiner mit einhelligem Lob bedachten Darstellung Luthers, als auch der Umstrittenheit des Stückes zu verdanken war, konnte vor vollem Hause fünfzehnmal wiederholt werden, dann wurde das Stück auf königliche Verordnung eines öffentlichen Ärgernisses wegen für einige Zeit abgesetzt.

Als der junge Joseph von Eichendorff 1810 einige Wochen in Berlin verbrachte, stand die Inszenierung

Abb. 18: Titelkupfer und Titelblatt des Luther-Schauspiels.
Nach Zeichnungen Franz Ludwig Catels gestochen
von Heinrich Anton Dähling.

lange schon wieder auf dem Programm. Eichendorff
war begeistert von ihren *»ächt romantischen Scenen«*,
die oft von Flöten- und Waldhornmelodien begleitet
wurden, lobte im Tagebuch aber auch die von Anselm
Weber vertonten Lieder und den *»großen, pompösen«*
Aufzug des Kaisers zu Pferde *»in ächtem, reichstem
Costum«*.

Rahel Levin dagegen, die als eifrige Theaterbesu-
cherin schon die Uraufführung gesehen hatte, war
von dem Stück weniger angetan. Sie hatte sich von
der reichen Ausstattung nicht beeindrucken lassen,
hatte mehr auf den Text geachtet und war dabei zu

dem Urteil gekommen, dass Werner *»viel geleistet, nichts verdorben«*, aber doch *»viel verfehlt«* habe, das *»deutsche Nationalstück«* nämlich, das von einem Schauspiel über Martin Luther doch zu erwarten gewesen sei. In dieser Hinsicht sei das Werk zwar misslungen, und doch sei es *»ein ganz anderes Stückchen, als die gute und auch beliebte Jungfer Orleans!«*

Unsanfter als Rahel urteilte Varnhagen über das Schauspiel, das ihm, als er in Halle studierte, durch eine szenische Lesung Ifflands bekanntgeworden war. Er, der Werner persönlich kannte und ihn nicht leiden konnte, hatte die Hoffnung auf Zeitbezug gar nicht gehabt. Der Dichter habe, schrieb er später in seinen »Denkwürdigkeiten«, um die Bitterkeit seiner religiösen Absichten schmackhaft zu machen, den *»groben protestantischen Helden«* mit mystischem und *»kindischem Beiwerk«* umgeben, das *»der untersten Stufe katholischer Bildung«* entsprach.

Auch Goethes Berliner Freund Zelter, der noch am Abend der Premiere über diese nach Weimar berichtete, fand das Stück *»widrig religieus«*. Es sei eigentlich kein Schauspiel, schrieb er, sondern eine *»Kirchenangelegenheit, die sich begreiflich machen will, indem sie sich profaniert.«* Zum Singen und Beten seien die Kirchen da, nicht das Theater, schrieb er an Goethe, und da diesem die »Söhne des Thals«, die Werner ihm geschickt hatte, nicht zugesagt hatten, teilte er Zelters Meinung, war an dem Streit über das Stück aber nicht weiter interessiert. Da Iffland sich als Doktor Luther gefalle *»und die Kasse wahr-*

scheinlich auch keinen Schaden« leide, sei doch alles gut.

Die schärfste Verurteilung aber fällte der in Breslau und Berlin aufgewachsene brillante Publizist Friedrich Gentz, der in österreichische Staatsdienste übergetreten war. Er erklärte die Gestalt Luthers als für die Poesie untauglich, weil der Protestantismus als solcher der *»Triumph des Anti-Poetischen«* sei.

Möglicherweise war Iffland, der das Stück in Auftrag gegeben, seine Entstehung kritisch begleitet und es auf bühnengerechte Kürze gebracht hatte, mit dem

Abb. 19: Iffland in der Rolle des Reformators.
Gezeichnet von Franz Ludwig Catel.

Ergebnis vor allem deshalb zufrieden, weil es ihm in dem Reformator, der nicht nur in Mönchskutte und Talar, sondern auch in Ritterrüstung auftreten konnte, eine Glanzrolle bot. Werners Luther, dessen Herkunft aus dem Bergmannsmilieu besonders betont wird, ist nämlich kein einschichtiger Heldencharakter, sondern ein Mensch mit Widersprüchen, der auch Schwächen und Zweifel kennt. Zwar darf er, den historischen Geschehnissen folgend, die Bannbulle verbrennen, sich in Worms mit seinem *»Hier stehe ich, Gott helfe mir, ich kann nicht anders«* als tapferer Bekämpfer der Dogmen erweisen und dabei auch einmal vom deutschen Vaterland reden, aber erst durch die Liebe Katharina von Boras wird die Kraft des Mannes geläutert und, wie der Titel besagt, geweiht.

Mit Katharina, der streng katholischen Nonne, die sich bei Auflösung des Klosters weigert, es zu verlassen, um dann aber beim ersten Anblick Luthers ihre wahre Bestimmung zu erkennen, bringt Werner auch hier seine These von der Rettung der Menschheit durch Liebe an. Den Reformator, den Katharina anfangs bekämpfen wollte, muss sie als ihren Erlöser begrüßen, ihn mit Geist und Sinnen lieben, seine Widerstandskraft stärken und in seiner Errettung vom Scheiterhaufen die Auferstehung des Heilands sehen. Erst durch die Umarmung der Liebenden wird die Reformation perfekt.

Diese mit romantischen Symbolen versetzte Heiligsprechung der Liebe und das von Varnhagen kritisierte fromme Beiwerk, in dem Kinder sich verlieben,

Mein Urbild!
Akt 1. S. 70 u. 71.

Abb. 20: Illustration zu Werners »Martin Luther« von
Franz Ludwig Catel, gestochen von Heinrich Anton Dähling.

singen, beten und sterben müssen, konnte zwar die Masse des Berliner Publikums rühren und seine Schaulust befriedigen, erweckte aber bei manchem Zuschauer auch die Lust am Spotten und Parodieren, die sich wenige Wochen nach der Premiere in einem öffentlichen Spektakel entlud. Werner, der sich in Lindenberg von dem Trubel um die umstrittene Aufführung erholte, erlebte glücklicherweise diese Verunglimpfung seines Werkes nicht mit.

Die von Fackeln beleuchtete Maskerade, die von jungen Offizieren des Kürassierregiments Gendarm veranstaltet wurde, fand, wie Zelter nach Weimar meldete, am Abend des 23. Juli statt. Fontane, der sie unter Tilgung einiger vulgärer Einzelheiten in seinem »Schach von Wuthenow« schildert, hat sie mit Blick auf die wenig später eintretende Niederlage des preußischen Heeres als Zeichen des Verfalls gedeutet und seine Romanfiguren über die Störung von Ruhe und Ordnung erschrecken lassen, Zelter aber hat »*die Ergötzung des schaulustigen Publikums*« beobachten können und den »*burschikosen Spaß*« als Abfuhr für Werners romantische Verstiegenheiten begrüßt.

Die zumeist aus vornehmen Adelsfamilien stammenden jungen Offiziere, die immer zu Späßen auf Kosten ehrsamer Bürger aufgelegt waren, im Theater oft laut wurden und gern durch übermütige Eskapaden Aufmerksamkeit erregten, sahen dazu in dem parodistischen Aufzug eine gute Gelegenheit. Der Witz ihrer Schaustellung, hinter den Zelter nicht kommen konnte, der aber von ihrem Anführer, dem damaligen Leutnant Karl von Nostitz in seiner Lebensbeschreibung erläutert wurde, bestand in der imaginierten Weiterführung der zweiten Szene des ersten Aktes, in der das Wittenberger Nonnenkloster aufgehoben wird. Während die fromme, durch göttliche Fügung für Luther bestimmte Katharina von Bora sich der Freilassung verweigert, sinken die anderen vom Zwang der Keuschheit befreiten Nonnen in die Arme ihrer Liebhaber und finden, so die parodistische Annahme, ihren Weg in das bekannte Berliner Freudenhaus der Madame Etscher, wo ein Besuch Luthers und seines Käthchens mit der Schlittenfahrt durch die Stadt schließt.

»Ich ließ«, so erzählt Nostitz, »einen Schlitten auf niedrige Räder setzen und diese mit herabhängendem grauen Tuch bedecken. Vier rüstige Pferde konnten dies Fuhrwerk bequem ziehen. Jeder Teilnehmer stellte vier bis sechs Vorreiter, alle reich gekleidet, in Jacken mit Gold- und Silbertressen, wie solches bei großen Schlittenfahrten üblich ist.« Die als Freudenmädchen verkleideten Offiziere ritten auf ihren Paradepferden, nur der Leutnant von Zieten, der im Hauskleid der Madame Etscher posierte, saß auf einem Kleinpferd, das durch aufgesteckte Ohren in einen Esel verwandelt worden war. Dr. Luther, dessen Tracht man aus der Theatergarderobe entliehen hatte, thronte auf dem Schlitten und hatte seine im Schauspiel oft vorkommende Flöte bei sich, die aber, wohl mit obszönen Hintergedanken, gewaltig lang geraten war. Nostitz, der durch seine große Körperlänge auffiel, gab die Katharina von Bora, die in der einen Hand eine Fackel, in der anderen eine Hetzpeitsche hielt. Vom Gendarmenmarkt aus lärmte der Zug durch die Charlottenstraße zur Straße Unter den Linden, wo sich ihm Ordnungshüter entgegenstellten, denen er aber ausweichen konnte, so dass er noch lange durch die Stadt jagte, bis er in einer abgelegenen Gegend zur Ruhe kam.

Einige Tage konnten die Übeltäter das stolze Gefühl genießen, wieder einmal die Bürger verschreckt zu haben, dann begann eine vom König befohlene Untersuchung der anstößigen Vorgänge, die nicht zur Bestrafung der jungen Urheber, sondern ihrer ranghöheren Vorgesetzten führte. Auch wurde die »Weihe der Kraft« vorläufig vom Spielplan abgesetzt.

Werners Briefe und Aufzeichnungen erwähnen diese bizarre Folgeerscheinung seines umstrittenen Erfolges so wenig wie die wenige Tage später befohlene Mobilisierung des preußischen Heeres, dessen Niederlage bei Jena und die darauf folgende französische Besetzung Berlins.

11.

Nach der Besetzung Berlins Ende Oktober 1806 tobte der Krieg zwischen Preußen und Frankreich noch mehr als ein halbes Jahr weiter, Werner aber scheint er kaum berührt zu haben, obwohl seine ostpreußische Heimat unter ihm leiden musste, alle seine Freunde und Bekannten von ihm betroffen waren und er selbst seine Sinekure durch ihn verlor.

Durch die Abtrennung der polnischen Gebiete von Preußen waren Hitzig und E. T. A. Hoffmann arbeitslos geworden, und auch die Stelle im Ministerium, für die Werner Gehalt bezogen hatte, wurde nun eingespart. Anders als E. T. A. Hoffmann, der tatsächlich hungern musste, konnte sich Hitzig erfolgreich als Verlagsbuchhändler etablieren, und Werner, dessen ererbte 10 000 Taler gut angelegt waren, hatte an dem Bühnenerfolg des Luther-Schauspiels reichlich verdient. Auch zeigte sich Iffland, der sich der Flucht des Königspaares nach Ostpreußen nicht angeschlossen hatte, sondern das Nationaltheater unter den erschwerten Bedingungen der Besatzung weiterführte, nach wie vor an seinem Werk interessiert. Um ihn für

Berlin zu erhalten, erklärte er sich sogar zur Aufführung des vorher von ihm abgelehnten ersten Teils der »Söhne des Thals« bereit. Unter der seltsamen Bezeichnung »Ein Ordensgemälde« ging dann tatsächlich eine stark gekürzte Fassung der »Templer auf Zypern« zur Feier des Geburtstages der Königin Luise am 10. März 1807 zum ersten Mal über die Bühne, konnte aber bei Zuschauern und Kritikern keinen Beifall finden und wurde schon nach der fünften Vorstellung abgesetzt.

Nach Werners Ansicht war die schlechte Aufnahme des Stückes nur auf die Zuschauer zurückzuführen, die sich als Folge der französischen Besatzung *»hauptsächlich aus nicht deutsch verstehenden gemeinen Soldaten und Freudenmädchen«* zusammensetzten, nicht aber, wie Iffland meinte, auf die *»mistischen Possen«* in Werners Text.

Als am 23. April 1807 die Tempelritter vor einem mäßig besuchten Haus zum letzten Mal über die Bühne gingen, war Werners Entschluss, außerhalb Preußens nach größerem Verständnis für sein Anliegen zu suchen, bereits gefasst. Bessere Bedingungen als im besetzten Berlin hoffte er an anderen Theatern leicht finden zu können. Ein fast fertiges neues Schauspiel hatte er in der Tasche, und sein Name war in Deutschland bekannt. Das katholische Wien, in dem er schon im Herbst brieflich angefragt hatte, ohne eine schlüssige Antwort zu bekommen, war sein erstes Ziel.

Damit begann für ihn eine Lebensphase, die äußerlich vom ständigen Unterwegssein, innerlich von ständiger Unruhe gekennzeichnet war. Weder an seine engere Heimat noch an Preußen fühlte er sich gebunden, der Gedanke an die Mutter, der er nur Schmerzen bereitet hatte, erfüllte ihn mit Reue, die geliebte Malgona hatte er durch eigne Schuld verloren, und mit der künstlerisch-religiösen Berufung, der er folgen zu müssen meinte, stand er allein. Seine Reisen waren ein Suchen nach Bundesgenossen, die sich aber nicht finden ließen, weil seine christlichen, aber unkirchlichen Ideen sich von der Wirklichkeit so weit entfernten, dass ihnen zu folgen kaum möglich war. Konnte er doch sein eignes Leben nicht mit seinem Wollen in Einklang bringen, weil er nicht Herr seiner sinnlichen Begierde wurde, die in schroffem Gegensatz zu den Absichten seines Werkes stand. Der Apostel einer enthaltsamen Menschen- und Gottesliebe, war nicht fähig, seine starke Sinnlichkeit zu zügeln. Seine Reisen waren ein Suchen nach Orten der Ruhe, die er aber nicht finden konnte, da er in sich selbst keine Ruhe fand. Das auf der Reise nach Prag entstandene Sonett »Das Flößholz«, das auch von Goethe bewundert wurde, beginnt mit folgenden Zeilen: *»Was peitschet, tolles Holz, dich durch die Wellen, / Als ob dich glüh'nde Hexenbesen jagen; / Kannst du daheim nicht Frucht und Krone tragen, / Musst dir in fremder Fluth den Kopf zerschellen?«*

Da er seine Wohnung in der Behrenstraße nicht gekündigt und Iffland seine baldige Rückkehr versprochen hatte, ist anzunehmen, dass er keinen festen

Plänen folgte, sondern sich von innerer Unruhe treiben ließ. Wien, das er bei seinem Aufbruch Ende April als sein erstes Ziel bezeichnet hatte, konnte er erst nach etwa acht Wochen erreichen, da er lange in Prag verweilte, wo ihn *»Weiber, Kirchen und Schauspiele«* fesselten, er die Frauen von Aristokraten mit Vorlesungen beglückte und auf Volksfesten Opfer seiner Begierde fand. Auch in Wien, wo er in den bedeutendsten Salons verkehrte, fleißig die fünf vorhandenen Theater besuchte, sich aber auch an Volksfesten und den zahlreichen *»Ess- und Caffeehäusern«* erfreute, lebte er beide Seiten seiner gespaltenen Persönlichkeit aus.

Der Prater, den er fast täglich genieße, schrieb er an Sophie Sander, die Frau seines Verlegers, bedeute ihm mehr als alle sonstigen Sehenswürdigkeiten Wiens. Er pries die *»unendliche Menge der schönsten weiblichen Gestalten und Gesichter, besonders unter der Mittelklasse, denen man es ansieht, dass sie außer dem Gebetbuch nie etwas gelesen, außer dem Waschzettel nie etwas geschrieben haben; alle wie von lauter Sahne und Milchbrot, hier heißt das Oberes und Küpfel, aufgepappt, alle nichts fürchtend als den Regen, der die Schlapphauben nass machen könnte, und nichts wünschend als morgen, übermorgen und ewig«* wieder hier spazieren, Karussell fahren oder reiten zu können und dazu Brathähnchen zu essen, die man hier Hendel nenne. Er genieße das sehr, *»laufe den Weibern nach, schwatze und lache, aber das alles mit blutendem Herzen«*, denn seine Hoffnung, im katholischen Wien mehr Verständnis für seine Dichtung zu finden, wurde enttäuscht. In den gebildeten Schichten sei man sich mit dem aufgeklärten Berlin in der Ablehnung alles Mystischem einig, so dass man seine Stücke nicht aufführen wolle und ihn selbst im günstigsten Falle für einen *»liebenswürdigen Schwärmer«* halte.

Die Wiener Romanautorin Caroline Pichler, die Werner in ihrem Salon kennenlernte, war, wie sie in ihren »Denkwürdigkeiten« berichtet, von einigen seiner Eigenarten unangenehm berührt. Lästig war sein ständiges Tabakschnupfen, dessen Spuren oft an seinen Wangen hafteten. Seiner Abneigung gegen Obst gab er mit der Erklärung Ausdruck, keine Dame,

Abb. 21: Die Schriftstellerin Caroline Pichler,
gezeichnet von Josef Kriehuber.

die Äpfel esse, küssen zu wollen. Immer wieder versuchte er zu erklären, dass die Liebe in seinen Stücken identisch sei mit dem christlichen Glauben, und wenn er von den Anwesenden dringend zu erfahren verlangte, ob sie in der Heiligen Messe an die Verwandlung von Brot und Wein glauben könnten, war ihm nicht klarzumachen, dass eine solche Frage zur Erörterung in geselliger Runde nicht geeignet sei. Da jedes Gespräch mit ihm in diese *»Geistesrichtung«* führte, nennt Caroline Pichler ihn *»exaltiert«*.

Die Aufführung seines Schauspiels »Attila. König der Hunnen«, mit dem er sich in Wien hatte einführen wollen, scheiterte an den Zensoren, weil diese befürchteten, man könne im Hunnenkönig eine Anspielung auf Napoleon sehen. Werner aber hatte religiöse, keine politischen Absichten. Sein Attila, der als *»Geißel Gottes«* gesandt wurde, um die verderbten Römer zu strafen, betet zwar zu den germanischen Göttern, wird aber durch ein Wunder zum handelnden Christen und verzichtet auf die Zerstörung Roms. Beteiligt an dieser wunderbaren Bekehrung ist neben Papst Leo auch die römische Prinzessin Honoria, die mit Attila, ohne ihn jemals gesehen zu haben, durch göttliche Fügung in Liebe verbunden ist. Verbündet ist der König der Hunnen mit den angeblich stammverwandten Burgunden, zu denen die teuflische Hildegunde, die Gegenspielerin der engelsgleichen Honoria gehört. Sie gibt vor, den Hunnenkönig zu lieben, will ihn in Wahrheit aber töten, weil er einst ihren Geliebten erschlagen hat. Attila heiratet sie und wird in

98

der Hochzeitsnacht von ihr ermordet. Seine Seele aber wird gerettet, weil er sich kurz vor dem Tode noch als Christ bewährt.

Madame de Staël, die Werners Stücke schätzte, fand im »Attila« viele Schönheiten und kräftige dramatische Momente, war aber mit dem Ende nicht einverstanden, an dem Werner wieder göttliche Mächte bemüht. *»Das Stück schließt mit einem Halleluja, es erhebt sich gen Himmel wie ein poetischer Weihrauch und verdunstet statt zu enden«*, schreibt sie in ihrem »Deutschland«-Buch. Und tatsächlich stimmen am Sterbelager des bekehrten Hunnenkönigs Papst Leo und Honoria ein Halleluja an.

Friedrich Schlegel, der drei Jahre später eine Wiener Aufführung des »Attila« im »Österreichischen Beobachter« kritisierte, musste eine Entstellung des Stücks durch starke Kürzungen und Veränderungen feststellen, und in einem Brief nannte er Werners Talent *»gewiss bedeutend, aber es ist doch auch viel Unsinn dabei«*.

Als am 9. Juli 1807 der Krieg zwischen Preußen und Frankreich durch den von Napoleon diktierten Friedensvertrag von Tilsit beendet wurde, war Werner versucht, nach Berlin zurückzukehren, weil auch sein neues Schauspiel »Wanda. Königin der Sarmaten« von den Wiener Theatern nicht angenommen worden war. Um seine Chancen in Berlin auszuloten, verfasste er den Prolog zu einer Friedensfeier, den er Iffland zukommen ließ. In Berlin aber dachte niemand daran, diesen Frieden, der Preußen verarmt und um die Hälfte verkleinert hatte, zu feiern, so dass Iffland ablehnte und Werner, um anderswo in der vielfältigen deutschen Theaterlandschaft sein Glück zu versuchen, die Rückkehr verschob.

In München, wo ihn Jacobi und Schelling freundlich empfingen, konnte er Schellings Frau Caroline durch seine zwar ungewöhnliche, aber doch beeindruckende Persönlichkeit zur Beschäftigung mit seinen Werken veranlassen, am Theater aber erreichte er hier so wenig wie in Frankfurt, Darmstadt und Heidelberg. In Gotha wurde er von dem dichtenden Herzog August, dem zwei Jahre zuvor Jean Paul sein satirisches »Freiheitsbüchlein« gewidmet hatte, mehrmals zum Essen geladen, aber die Aussicht, am dortigen Hoftheater anzukommen, eröffnete sich ihm nicht. Über Erfurt und die Wartburg ging es weiter nach Jena, und auf fast jeder dieser Stationen entstanden Gedichte, mit denen er dann in Jena und Weimar die nicht unbeträchtliche Zahl seiner Verehrer erfreute oder auch verstörte, indem er zum Beispiel in einem Sonett über eine Herrenhuter Brüdergemeinde deren Betsaal »weißgewaschen im Blute« des Heilands nennt.

Am 2. Dezember 1807 begannen in Jena die vielleicht glücklichsten Wochen seines Dichterlebens, weil er hier nämlich Goethe begegnete und dieser ihm freundlich entgegenkam. Der von ihm allzeit Hochverehrte, den er gern als Helios, Titan oder Apollo bezeichnete, ließ ihn nicht nur als Dichter gelten, sondern nahm sich seiner auch »väterlich« an.

12.

Werners Goethe-Verehrung, die erst mit seinem Tod enden sollte, reichte bis in seine Jugendjahre zurück. Als seine »Söhne des Thals« erschienen waren, hatte er Sophie Sander, die Goethe persönlich kannte, dazu veranlassen können, ein Exemplar nach Weimar zu schicken, das auch Werners Begleitbrief enthalten hatte, in dem sich sein echtes Gefühl der Verehrung unter der Flut der bei ihm üblichen Ergebenheitsfloskeln verbarg. Goethe dankte ihm nicht, las aber, wie seine Briefe an Zelter zeigen, in Werners Schauspiel, das ihm trotz der ihn verärgernden mystischen Passagen talentiert erschien. Zelter hatte ihn auch über die Aufführung des Luther-Dramas unterrichtet, und wenn er sich später auch über die Vieldeutigkeit des Titels »Weihe der Kraft« lustig machte, war nicht zu verkennen, dass er von dessen Erfolg in Berlin beeindruckt war.

Werner war also kein Unbekannter, als er am 30. November 1807 Jena erreichte, sich im Gasthof Zum Schwan einquartierte und am folgenden Morgen Goethe aufsuchte, der einer Arbeit wegen für

einige Wochen nach Jena gekommen war. Überraschend freundlich wurde Werner von ihm willkom-
men geheißen, durfte an der Seite des Verehrten an
Mahlzeiten und Geselligkeiten teilnehmen, wo er mit
Berichten über das Berliner Theater Interesse erregte
und schon am zweiten Abend als Vorleser eigner
Werke viel Beifall erhielt. In den kommenden Tagen,
Wochen und Monaten konnte er nun immer wieder
in den Salons von Jena und Weimar als Interpret eigner Gedichte und Dramen glänzen, was Goethe anfangs sehr zusagte, aber nicht jedem der Anwesenden
gefiel.

Die von Goethe verehrte Minna Herzlieb zum Beispiel fand Werners Gedichte seltsam und teilweise

Abb. 22: Goethe. Kreidezeichnung von Friedrich Bury.

»unverständlich«, ihn selbst »eitel« und »hässlich«, und an sein besonderes Verständnis für Frauen, das er selbst zu haben meinte, glaubte sie nicht. Charlotte von Stein machte sich brieflich über Werners emphatische Vortragsart lustig, indem sie von einer Lesung Werners im Hause Knebels erzählte, in der der kleine Sohn der Familie vernehmlich geäußert habe, der Vortragende sei wohl verrückt. Während die Mutter mit großer Verlegenheit, der Vater mit einem »Halt's Maul, Junge!« reagiert habe und Goethe dem Jungen klarzumachen versucht habe, dass Poeten anders als normale Menschen sprächen, habe Werner von dem Vorfall keine Notiz genommen, sein ausdrucksstarkes Deklamieren also unbeirrt fortgesetzt.

Grund für Goethe, Werner in Jena zu protegieren und ihn mit nach Weimar zu nehmen, war sein Bestreben, sich das starke Talent zu einem Bundesgenossen heranzuziehen. Die Ergebenheit, die Werner ihm gegenüber zeigte, machte ihn hoffen, dass sein bildender Einfluss bei ihm wirksamer sein konnte, als früher der auf Jean Paul. In einem Brief Goethes vom 16. Dezember 1807 ist von Werners »schönem Talent« und seiner »in jedem Sinne merkwürdigen Natur« die Rede, in Goethes »Tag- und Jahres-Heften 1807« aber schwingt auch eine Ahnung von der inneren Zerrissenheit des pädagogischen Objektes mit: »Anfang December kam Werner nach Jena, und man kann nicht läugnen, dass er Epoche in unserm Kreis gemacht. [...] Ein sehr schönes poetisch-rhetorisches Talent hatte sich in dem wunderlichsten Individuum verkörpert. Dieser

103

seltsame Gast war ohne Frage großer Ansichten über
Welt und Leben fähig, die ihm aber bei einem zerstör-
ten Innern und zerrüttetem Leben nicht genug thaten,
und die er daher mit phantastisch-religiösen Gesinnun-
gen verknüpfte. Dies zog ihn dem Sinne nach zu den
Herrenhutern, der äußeren Form nach zum Katholicis-
mus; denn indem er ein sittlich-religiöses Bestreben be-
kannte, bekämpfte er in seinem Innern eine gewisse
Lüsternheit, die auch seinen Productionen eine eigne
Richtung gab. Mit großer Wahrheit und Kraft las er vor,
wodurch denn seine Sonette noch höheren Werth erhiel-
ten und besonders die rein menschlich-leidenschaft-
lichen großen Beifall gewannen. Es war das erste Mal
seit Schillers Tode, dass ich ruhig gesellige Freuden in
Jena genoss.«

Da überall damals in den gebildeten Schichten
viele Briefe und Tagebücher geschrieben wurden und
diese besonders in Weimar auch der Nachwelt erhalten blieben, ist man über fast alle Begebenheiten, die
sich in Goethes Umkreis zutrugen, hinreichend infor-
miert. Man kennt also die Spitznamen, wie Thals-
sohn, Dr. Luther und Kraftdichter, mit denen Werners auffallende Erscheinung belegt wurde, weiß von
dem Kreis frommer Damen, in dem seine Botschaft
von der Weltrettung durch Glauben und Liebe wil-
lig aufgenommen wurde, und staunt über die Langmut, mit der Goethe, der sich zur selben Zeit etwa gegen Heinrich von Kleists Annäherung entschieden
wehrte, das ihm nicht weniger fremde Wesen Werners ertrug. Dessen Kunstfertigkeit im Dichten von

Sonetten regte ihn an, eigne zu dichten, und sein Entschluss, eines von Werners Stücken in Weimar auf die Bühne zu bringen, war bald gefasst. Da ihm an diesen besonders das Christlich-Mystische nicht behagte, wählte er die in vorchristlichen Zeiten spielende »Wanda. Königin der Sarmaten«, die zwar auch nicht ganz ohne Mystik auskommen konnte, aber doch wenigstens frei von Päpsten und Heiligen war.

Wie im »Kreuz an der Ostsee« wird auch in der »Wanda« das schwierige deutsch-polnische Verhältnis aufgegriffen und erneut das Liebesproblem berührt. Die Sarmaten, die in der Antike in Teilen Polens und der Ukraine siedelten und in der Völkerwanderung ins Ungewisse verdrängt wurden, spielen im polnischen Nationalmythos eine ähnliche Rolle wie die Germanen für die Deutschen, sie gelten als Urvolk, dessen in Krakau regierende Königin Wanda seit dem Mittelalter Bestandteil der polnischen Sagenwelt ist.

In der Vorgeschichte des Stückes verknüpft Werner diese polnische Sage mit der tschechischen um Libussa, indem er bei deren Hochzeit in Prag die junge Prinzessin Wanda und den inkognito reisenden deutschen Prinzen Rüdiger bei einem kurzen Zusammentreffen in Liebe zu einander entbrennen und sich verloben lässt. Die zur Königin gewordene Wanda muss deshalb alle Heiratsangebote ausschlagen, darunter auch das des Fürsten Rüdiger von Rügen, von dem sie nicht weiß, dass er der von ihr für tot gehaltene Geliebte ist. Um nicht einen anderen heiraten zu müssen, schwört sie, ewig keusch zu bleiben und nur für ihr Volk da zu sein. Rüdiger aber will Wanda mit Gewalt für sich gewinnen. Nachdem er geschworen hat, mit der Königin zusammen auch ihr Reich zu erobern, segelt er mit seiner Streitmacht die Weichsel aufwärts nach Krakau, wo Wanda dem deutschen Eroberer an der Spitze ihres Heeres entgegentritt. Erst im Zweikampf mit Rüdiger erkennt sie ihren Geliebten, den zu lieben ihr der Keuschheitsschwur aber verbietet. Als beide ihre Schwerter gegeneinander erheben, öffnen Blitze den Himmel, der Donner geht in Musik über, und Libussas Geist lässt durch den Chor ihrer Jungfrauen die schicksalsbestimmte Liebeslehre Werners verkünden, nach der erst der Tod die Liebenden endgültig vereinen kann:

»*Alles, was erschaffen ward,*
Ist von Ewigkeit gepaart;
Jedes sucht im schnellen Lauf
Das für ihn Erschaffene auf!
Ob die Form es auch beengt,
Wenn es reif ist, dann zersprengt
Es des Körpers enges Band
Und umschlingt, was ihm verwandt!
Leben ist der Liebe Spiel,
Tod der Liebe Weg zum Ziel,
Und ihr Knecht, das Schicksal, eint,
Was für immer ist vereint!«

Am Schluss der »Romantischen Tragödie mit Gesang in fünf Akten« muss Rüdiger durch das Schwert der goldgepanzerten Wanda sterben. Sie selbst sucht, wie die Sage es will, durch einen Sprung in die Weichsel den Tod.

Ihre mit großem Beifall bedachte Uraufführung erlebte die »Wanda« zur Feier des Geburtstages der Herzogin von Weimar am 30. Januar 1808. Die uns heute bekanntere Amazone »Penthesilea« Heinrich von Kleists, die ihren Geliebten auch in der Schlacht tötet, aber auf grausamere Weise, war damals schon geschrieben, und Teile von ihr lagen dem Theater-direktor Goethe im ersten Stück der Zeitschrift »Phö-bus« seit ein paar Tagen auch vor, wurden von ihm aber nicht geschätzt. Er ließ bald nach dem Erfolg der »Wanda« Kleists »Zerbrochnen Krug« aufführen, und als dieser ein Misserfolg wurde, war es mit sei-nem Interesse für Kleist vorbei.

Aber auch Goethes Bemühen, Werner in seinem Sinne zu fördern, fand bald ein Ende, als er feststellen musste, dass dessen Ergebenheit nicht Ausdruck des Willens, sich leiten zu lassen, war. Werner konnte sein Dichten und Denken in eine Goethe zusagende Rich-tung nicht ändern. Er hatte, wie Goethe es in seinen Tag- und Jahresheften ausdrückte, *»sich einer gewis-sen realistischen Ansicht, wodurch allein das Ideelle zur Erscheinung gebracht werden kann, nicht fügen«* können, sich also *»für den wahren ästhetischen Kreis«* nicht gewinnen lassen, er sei vielmehr *»hartnäckig«* darum bemüht gewesen, *»andere in seinen wunder-*

Abb. 23: Das Hoftheater in Weimar um 1800.
Stich eines unbekannten Künstlers.

lichen Zauberkreis« hineinzuziehen. *»Wir schieden mit*
Wohlwollen voneinander, unsererseits mit der Hoff-
nung, ihn bei einem zweiten Besuch mehr der hiesigen
Denk- und Bestrebensweise anzunähern, er aber im
Stillen der Meinung, uns zu seiner Art und Weise be-
kehren zu können«, heißt es am Schluss.

Werners Hoffnung auf eine auskömmliche Stellung in Weimar war also gescheitert. Dass sein Abschied auch mit seiner unbewältigten Triebhaftigkeit
zu tun hatte, legt das Gerücht eines Vorfalls nahe, der
am 14. März 1808 in der bei Johanna Schopenhauer
versammelten Gesellschaft Gesprächsstoff war. Wie
der Autor Stephan Schütze berichtet, wurde dort von
Goethes Freund Heinrich Meyer folgende Geschichte
erzählt: *»Einige fromme Damen, die an Werner glaub-*
ten, hatten sich eines Tages bei einer Freundin versam-

108

melt und ihr Kammermädchen zu ihm geschickt, dass er kommen und sie erbauen möchte. Aber wie sie schon im Vorgefühl der Andacht seiner harrten, stürzt das Mädchen weinend und schreiend herein und gießt einen Strom von Fluchwörtern über ihn aus, welcher die überstandene Gefahr der Anfechtung nur zu deutlich den keuschen Ohren verriet und sie alle erstarren machte.«

Im April schied Werner von Weimar, um anderswo einen »*Gnadenort*« zu suchen, wie es in des »Pilgers Abschiedslied« heißt:

»Fort treibt den Pilger sein Geschick,
Dem manches sank und brach.
Er lässt den Frieden euch zurück.
Wünscht ihm den Frieden nach!
Und kehrt er wieder, nehmt ihn auf,
Und stirbt er, bleibt ihm treu,
Beschränkt und kurz ist Pilgerlauf,
Die Lieb' ist ewig frei!«

13.

Bei seinen Freunden auf dem Gut Lindenberg, »*acht Meilen von Berlin*«, wo Werner die Osterfeiertage des Jahres 1808 verbrachte, schrieb er einen Dankbrief an Goethe, in dem er den kommenden Winter wieder in Weimar zu verbringen versprach. Er gab darin aber auch zu erkennen, dass es sich bei seinen künftigen Ortswechseln nicht um die Suche nach einer Anstellung oder festen Bleibe handelte, sondern um das Umherreisen als Selbstzweck, das der Ruhelosigkeit seines Innern entsprach. Das besetzte Berlin, wo man auch ihn mit Einquartierungen nicht verschonte, hatte ihm, da Iffland seine »Wanda« nicht aufführen wollte, nichts mehr zu bieten. Er berührte es nur kurz, um seine Wohnung in der Behrenstraße zu kündigen und die Möbel zu verkaufen, dann zog er weiter, ohne genau zu wissen, wohin.

Seine Briefpartner wurden angewiesen, ihre Sendungen künftig an den Kriegsrat Kunth, Wilhelmstraße 70, zu adressieren, der der einzige ihm freundschaftlich verbundene Berliner war. Seine Malgona, die sich jetzt Margaretha nannte, hatte inzwischen ein Töchterchen entbunden, zu deren Geburt Werner eine Gratulation in deutschen und polnischen Versen schickte, sich sonst aber, wie er versprochen hatte, fern von der Familie hielt. Als Caroline von Humboldt die Kunths besuchte, war sie von der Schönheit des Töchterchens begeistert, die junge Mutter aber kam ihr »naiv« und ihrer geringen Deutschkenntnisse wegen »possierlich« vor. Sie sei aber »geduldig und tätig und voller Liebe«, und da sie in der Ehe mit dem viel älteren Kunth glücklich zu sein glaube, sei sie es wohl auch.

Während Napoleon im Jahre 1808 auf dem Fürstenkongress in Erfurt den Gipfelpunkt seiner Herrschaft über Europa feiern konnte, war Werner ruhelos unterwegs. Er erkundete die größeren Städte mehrerer deutscher Länder, besuchte die Schweiz, Italien und Frankreich, hielt es aber nirgendwo lange aus. Die Stationen seiner Irrfahrten lassen sich an seiner nie abreißenden Korrespondenz ziemlich genau ablesen, und auch viele unterwegs entstandene Gedichte geben den Ort ihrer Entstehung preis. Da wird ihm zum Beispiel der Rheinfall von Schaffhausen zum Abbild seines von Begierden durchtobten Innern, der Riesenbau des Kölner Doms lässt ihn in Andacht versinken, und wenn er in Aschaffenburg bei Karl Theodor von Dalberg, dem Fürstprimas des Rheinbundes, Anerkennung als Dichter findet, kann er den erst zwei Jahre alten, von Napoleon geschaffenen Rheinbund lyrisch schon als prächtige »Rosenlaube« sehen.

Den besten Einblick in seine Reisen gewinnt man

durch die Tagebücher, die anfangs nur Stichworte bieten, später aber auch ausführlicher werden, wenn ihn
das Gesehene besonders berührt. In jeder Stadt besucht er, wie damals üblich, die dort lebenden Geistesgrößen, und manchmal ist er auch in den Schlössern
der Regierenden zu Gast. In Frankfurt am Main, das
er über Dessau, Leipzig und Kassel erreichte, besucht
er auch Goethes Mutter, hat in Heidelberg ein Gespräch mit Achim von Arnim, dem er sein sogenann-
tes Liebessystem erläutert, und trifft auch Goethes
dort studierenden Sohn. An Goethe selbst schreibt er
lange Briefe, in denen er sich einerseits als seinen
Schüler und Jünger bezeichnet, ihn andererseits aber
zur Hochachtung des christlichen Mittelalters zu bekehren versucht. In keinem Brief jedoch fehlt das Versprechen, im Winter wieder in Weimar zu sein.

In der Schweiz, die er teilweise zu Fuß erkundete,
fand er an der Natur Gefallen, aber nicht an den
Schweizern, die Franzosen liebte er wie in jüngeren
Jahren die Polen, sein Aufenthalt in Paris war aber
nur kurz. Helmina von Chézy, die ihn dort betreute,
hat ihn in ihren Erinnerungen einen *»Fremdling auf
dieser Erde«* genannt. Er war *»schlank und hager«*,
seine *»Blicke brannten«*, seine Haut war *»braungrau«*,
»schroff« seine Gesichtszüge, über *»glühend schwarzen
Augen«* wölbten sich *»buschigen Brauen«*, und auf das
»Äußere seiner Erscheinung« legte er keinen Wert.
Frau von Chézy sah ihn nie lächeln, und Ferdinand
Olivier, der ihn auch in Paris erlebte, hielt ihn für
eine *»gebrochene Natur«*.

Die stärksten Eindrücke dieser Reisen wurden Werner in Italien zuteil. Sein größter Wunsch sei, schrieb er an Goethe, in seiner Nähe, also in Weimar leben und sterben zu können, falls aber das Schicksal ihm das nicht vergönne, »*dann ist, unter Gottes Beistand, meine Absicht dahin gerichtet, künftigen Herbst nach Rom zu gehen, um unter Italiens ewigen Blüthen und Sternen im warmen Mutterlande der Kunst und des Glaubens zu sterben; denn der Blick, den ich hineinwarff, übertraf alle meine Erwartungen und zeigte mir das verlohren gegangene Paradies.*«

Aber auch in Oberitalien blieb er nicht lange, die innere Unruhe, die er in Versen »*Die wilde Gier, mich pilgernd zu betäuben*« nannte, trieb ihn wie einen Flüchtenden weiter, sich selbst aber und seinen ungezügelten Begierden konnte er nicht entgehen. Der Kampf, der ständig in ihm tobte und die dichterischen Phantasien von Unschuld und Enthaltsamkeit erzeugte, hinterließ auch Spuren in Vers und Tagebuch. »*Gehetzt, der alten Sünden treu, / Von Reu' zur Gier, von Gier zur Reu'*«, heißt es in den Gedichten, und auch im Tagebuch wird seine Triebhaftigkeit nicht versteckt.

Die »*gewisse Lüsternheit*«, die Goethe in Werners Werken spürte, macht sich in den Tagebuchnotizen durch häufige Erwähnungen reizvoller Weiblichkeit bemerkbar, die gleichberechtigt neben den Bemerkungen über Natur- und Kunstschönheiten stehen. Fast auf jeder Seite wird an »*hübsche Töchter*«, »*coquette Bauernmädchen*«, »*hübsche Dienstmädchen*«,

»dicke Wirtstöchter«, ein »schlankes feueräugiges Mädchen« oder »eine niedliche Brünette mit brennenden Augen« erinnert, ab und zu wird erwähnt, dass er »eine hässliche Trompetertochter« oder eine »dumme, klotzige Blondine v ... t«, im Freudenhaus eine »fleischigte, prächtige Hure namens Walpurgis« bevorzugt, oder die »Sturmattake auf eine kaum mittelmäßige Köchin« vergeblich bleibt. Unzählige Male aber wird seine sexuelle Betätigung mit dem Stichwort »Mädchenprügelei« umschrieben, ein Begriff, der vermutlich nichts mit Gewaltanwendung zu tun hat, sondern sich auf die vulgäre Bezeichnung Prügel für das männliche Geschlechtsorgan bezieht.

Wie die Tagebücher zeigen, waren Werners Begierden ausschließlich auf Frauen niederer Gesellschaftsschichten gerichtet, nur ihnen gegenüber konnte er sich gehenlassen, während wohlerzogene Mädchen und Frauen, die ihm geistig und gesellschaftlich gleichgestellt oder überlegen waren, die gesittete Seite seines Wesens ansprachen, so dass er bei diesen Damen, die oft auch seinen missionarischen Eifer zu schätzen wussten, häufig Anerkennung und Zuneigung fand. Frauen und Töchter von Autoren und Professoren, Fürstinnen, Prinzessinnen und Hofdamen werden in den Tagebüchern immer achtungsvoll beschrieben, und wenn ihm glückliche Ehen in diesen Gesellschaftsbereichen begegnen, kann er sich auch wehmütig fragen, warum ihm solches »Paradies der Liebe auf immer verschlossen« sei.

Seine teils aggressive, teils einfühlsame oder auch

Abb. 24: Zacharias Werner. Lithographie von
Gottfried Engelmann nach einer Zeichnung
von Wilhelm Schadow.

gehemmte Haltung Frauen gegenüber macht auch
sein eigenartiges Verhältnis zu der dreizehn Jahre älteren Weimarerin Sophie von Schardt verständlich,
von dem man durch einige seiner an sie gerichteten
Briefe weiß. Frau von Schardt, geborene von Bernstorff, die mit einem älteren Bruder der Charlotte von
Stein in einer oft von Krisen gestörten Ehe lebte, italienische und englische Dichtungen übersetzte und
auch eigne Gedichte verfasste, hatte sich in den Dich-

ter, der ständig Gott und die Liebe im Munde führte und sich, wie sie selbst, aus der Nüchternheit des Protestantismus in eine innigere, lebendigere Form des christlichen Glaubens zu flüchten sehnte, offensichtlich verliebt. Da seine Briefe, in denen er sie mit Du und fromme Schwester anredet, vorwiegend von *»göttlichen Dingen«* handeln, ist auf ein sektenähnliches Verhältnis zu ihr und ihrem Kreis zu schließen, das persönliche Zuneigung nur als Seelenfreundschaft erlaubt. Seine mehrfach ihr erteilte Ermahnung, ihre Ehepflicht nicht zu verletzen und gegen ihn *»kälter, gegen Christum aber glühender«* zu werden, zeigt deutlich, dass er sich gegen intimere Gefühlsäußerungen wehrt.

In seiner neuen Tragödie, an der er unterwegs gearbeitet hatte, stand wiederum die weibliche Unschuld im Mittelpunkt. In der Hoffnung auf eine Uraufführung in Weimar wurde Goethe die Neuheit schon angekündigt, und zwar als eine *»ächt altdeutsche«* Dichtung, *»so populär als möglich«*, die *»ohne Mystick und Geistererscheinungen«* auskomme und das Schicksal der heiligen Cunegunde zum Gegenstand habe, der keuschen Gemahlin Kaiser Heinrichs II., die der ehelichen Untreue bezichtigt wurde, bis ein Gottesurteil ihre Unschuld bewies.

Dem Stück liegt die um 1200 entstandene Legende der Heiligen Kunigunde zugrunde, die um das Jahr 1000 dem Kaiserthron entsagte und ins Kloster ging. Ort der Handlung ist Oberitalien, wo das kaiserliche Heer, das sich auf dem friedlichen Marsch zur Krönung in Rom befindet, der feindlichen Armee des Markgrafen Harduin begegnet, der sich selbst zum König von Italien machen will. Um eine blutige Schlacht zu verhindern, verlässt Kunigunde als Pilgerin verkleidet heimlich das kaiserliche Lager und verhandelt ohne Wissen ihres Mannes mit dem Feind. Der Frieden wird dadurch gerettet, sie selbst aber des Ehebruchs angeklagt. Obwohl dann zwei Gottesurteile ihre Unschuld erweisen, verzichtet sie auf den Thron, um ins Kloster zu gehen.

Die Idee, diese Heiligenlegende zu dramatisieren, war in der intellektuellen Atmosphäre von Coppet entstanden, dem Schloss der Madame de Staël am Genfer See. Hier konnte sich Werner im Oktober 1808 nach seiner Schweiz-Reise drei Wochen erholen, Gespräche mit der Schlossherrin und August Wilhelm Schlegel führen und in der reichhaltigen Bibliothek des Schlosses sein Wissen über das mittelalterliche Kaisertum vervollständigen. Den anwesenden dänischen Dichter Adam Oehlenschlaeger und den Schweizer Historiker Sismondi machte er dabei mit seiner christlichen Liebestheorie vertraut.

Während Madame de Staël, in dieser Hinsicht unter dem Einfluss Schlegels stehend, Werner trotz seiner seltsamen Eigenarten als Erneuerer der deutschen Tragödie schätzen konnte, kam er Sismondi höchst wunderlich vor. *»Wenn dieser große Bekehrer Ihnen einmal unter die Augen kommen sollte«*, kann man in einem seiner Briefe lesen, *»dann lassen Sie ihn doch von seinem besonderen theologischen System und* seinem Kultus der Liebe erzählen. Gott, sagt er, ist der große Hermaphrodit der Welten. Religion haben, heißt, ihn lieben, wenn man sich nicht so hoch erheben kann, so besteht die Religion darin, dass man irgendjemanden männlichen oder weiblichen Geschlechts liebt, denn was man in seiner Geliebten liebt, ist eben Gott, und alles, was uns die Liebe an unserer Geliebten tun lässt, geschieht zur äußeren Ehre Gottes und zur größten Erbauung unserer Seelen. Das also ist das System, das er sich bemüht, in seine Trauerspiele einzuführen. Ich persönlich liebe ihn nicht, ich möchte ihn nicht wiedersehen, aber bei keinem deutschen Tragiker habe ich erhabenere Szenen und ein größeres dichterisches Talent gefunden.«

14.

Die großen Erwartungen, die Werner in Goethes Wohlwollen gesetzt hatte, schienen sich erfüllen zu wollen, als er schon am Tage seiner erneuten Ankunft in Weimar, am 21. Dezember 1808, von Goethe empfangen wurde und später auch eine Einladung zum Mittagessen am Silvestertag erhielt. Zu diesem hatte das Ehepaar Goethe außer den engen Freunden Riemer und Meyer mit ihren Frauen zwei auswärtige Gäste in ihr Haus am Frauenplan geladen, neben Werner auch Hendrik Steffens, den damals in Halle lehrenden Naturphilosophen, durch dessen Erinnerungen wir über die Vorgänge an der Tafel unterrichtet sind.

Werner, der sich an der lebhaften Plauderei kaum beteiligt hatte, wurde nach dem Essen von Goethe aufgefordert, die Gesellschaft mit neuen, in Italien entstandenen Gedichten zu erfreuen. Werner zog eine solche Menge verschmutzter Papiere aus der Tasche, dass Steffens schon angst und bange wurde, und trug in seiner emphatischen Weise, die Steffens als *»abscheulich«* bezeichnet, eine Unzahl von ihnen vor. Bei einem (nicht erhaltenen) Sonett, in dem der Vollmond am Himmel Italiens mit einer Hostie verglichen wurde, unterbrach Goethe die Vorlesung, fragte, noch äußerlich ruhig, den naturkundigen Steffens, was er von diesem Vergleich halte, und als dieser ihn für unpassend erklärte, ließ Goethe seinem Ärger freien Lauf. Er hasse, rief er heftig, diese *»schiefen Religiositäten«*, die ihm die Mahlzeit verderben, und er werde zu verhindern wissen, dass dergleichen jemals auf der Weimarer Bühne zu hören sei. Nachdem er sich bei den Damen für sein Aufbrausen entschuldigt hatte, entfernte er sich, Werner aber, der gehofft hatte, sein neues Drama auf die Weimarer Bühne bringen zu können, saß *»wie vernichtet«* da.

Goethes Unbeherrschtheit, die auch die Aufzeichnungen Riemers bezeugen, wurde schon am selben Nachmittag, den Steffens im Salon der Adele Schopenhauer verbrachte, lebhaft beredet, so dass auch Wilhelm von Humboldt, der gerade Weimar besuchte, davon erfuhr. Am Neujahrstag 1809 schrieb er an seine Frau Caroline, dass auch er nach der Lektüre des »Attila« Werners *»mystisches Wesen«* beklage, Goethe darauf aber einen solchen *»Hass«* habe, *»von dem man sich keinen Begriff machen kann. Der arme Werner hat gestern sehr dafür leiden müssen. Er aß bei Goethe, wie er mir erzählt hat, und wollte etwas vorlesen. Obgleich Goethes Frau ihm gesagt hatte, dass das Mystische Goethen unerträglich sei, ließ er sich beigehen, ein Sonett auf Genua, wo er kürzlich gewesen, vorzubringen, in welchem die Scheibe des Vollmonds* *zur Hostie gemacht wird. Wie Goethe dies gehört hat, ist er, wie er selbst sagt, saugrob geworden.*« Werner habe, so heißt es in dem Brief weiter, beim Ball am Silvesterabend durch Goethes Frau, mit der er getanzt habe, eine Versöhnung herbeiführen wollen, was aber wohl vergeblich gewesen sei. Goethe sei durch diesen Vorfall *»so wild geworden«*, dass er in jeder gemalten Madonna nur eine Amme sehe, *»der man die Milch verderben möchte«. »Er treibt jetzt den Hass soweit, dass er nicht einmal leiden will, dass eine irdische Frau ihr Kind selbst im Arm haben soll. Ist das nicht komisch?«* Werner sei doch, heißt es abschließend, *»interessant und ein guter Mensch, und Goethes Ausfall tut mir wirklich leid«.*

Werner, der das Wohlwollen Frau von Schardts und anderer Damen weiterhin genießen konnte, freundlich mit Schillers Witwe verkehrte und sich auch mit dem Herzog gutstellen konnte, war zwar tief betroffen über Goethes Abweisung, blieb aber in Weimar, weil er hoffte, dass das Zerwürfnis kein endgültiges war. In seinem Sonett »Vollmond« vom Januar 1809 sieht er sich als Ausgestoßener unter dem kalten Mond auf eisigen Fluren, hört aber schon den Sonnenwagen, in dem Helios naht und die Fluren wieder grünen lässt.

Und tatsächlich kam es mit Goethe, der wohl seine überzogene Reaktion bereute, im Februar wieder zu einer Annäherung und halben Versöhnung, bei welcher sich Werner als gelehriger Schüler erwies. Er erklärte sich damit einverstanden, ein durch die Presse bekanntgewordenes grausiges Verbrechen, in dem geheimnisvoll miteinander korrespondierende Daten eine Rolle spielten, zu einem Einakter zu verarbeiten, in dem nur drei Personen agieren und dem alles mystische Beiwerk fehlt.

Werners dramatisches Talent, auf das Goethe gebaut hatte, bewies sich bei Lösung dieser Aufgabe glänzend. In nur vierzehn Tagen hatte er das geschickt gebaute, in einer Nacht, an einem Ort spielende Stück geschrieben und mit dem Titel »Der vierundzwanzigste Februar« versehen. Goethe war mit dem Ergebnis zufrieden und versprach das Stück aufzuführen, allerdings erst im folgenden Jahr.

Von der Eigenart seines Schöpfers hatte das Stück

Abb. 25: Goethes Haus am Frauenplan in Weimar.
Stich von E. Brinckmann.

nur wenig. Es war weder so opernartig noch so lang geraten wie die anderen Stücke, und da es nur drei Schauspieler und wenige Dekorationen benötigte, wurde es das meistgespielte seiner Dramen und das einzige, das schulbildend war. Es eröffnete nämlich die im Biedermeier modisch werdende Reihe der sogenannten Schicksalstragödien, deren bekannteste Grillparzers »Die Ahnfrau«, Adolf Müllners »Die Schuld« und Ernst von Houwalds »Das Bild« wurden. In diesem Dramentyp wurde das meist grausige Geschehen nicht von menschlichem Tun oder göttlichem Willen geleitet, sondern von einem undurchschaubaren Verhängnis oder einem Fluch.

Das typisch Werner'sche dieses Stücks ist nur das titelgebende Datum, an welchem nicht nur seine geliebte Mutter, sondern, wie er irrtümlich annahm, auch sein Warschauer Freund Mnioch gestorben war. Im Stück wurde dieses persönliche Trauerdatum nun zum Schicksalsdatum, auf das, unheimlichen Zwängen folgend, jede der familiären Bluttaten fällt.

Das Schweizer Ehepaar Kunz und Trude lebt in einer von Unwettern bedrohten Bergwelt, weit von anderen menschlichen Behausungen entfernt. Kunz, der einst an dem im Titel genannten Datum durch einen im Jähzorn unternommenen Messerangriff auf seinen Vater dessen tödlichen Schlaganfall verursacht hatte, war von dem Sterbenden mit einem Fluch belegt worden, der wenige Jahre später, wieder zum gleichen Datum, wirksam geworden war. Kurt, der Sohn des Paares, hatte mit demselben verhängnisvollen Messer seine kleine Schwester getötet, war von zu Hause weggelaufen, hatte sich als Soldat anwerben lassen und angeblich den Tod gefunden, als die gesamte Schweizer Garde des Königs von Frankreich zu Beginn der Revolution ermordet worden war. Die nun kinderlosen Eheleute waren durch Unglücksfälle arm geworden und in Schulden geraten, so dass sie zu Beginn des Schauspiels, während Schneestürme toben, dem Verhungern und Erfrieren nahe sind. Ihr Haus und Habe sollen am nächsten Morgen gepfändet werden, sie selbst sollen im Schuldturm enden. Schon wird mitternächtlich ein Selbstmord erwogen, als ein Wanderer um Herberge bittet, den die Eltern als ihren Sohn nicht erkennen (was dem Leser oder Zuschauer aber leicht möglich ist). Sohn Kurt hatte sich aus den Revolutionswirren nach Amerika retten können, war dort reich geworden und nun, wieder an dem bewussten Datum, heimwehkrank und voller Reue ins Elternhaus zurückgekehrt. Er teilt Proviant und Wein mit den Eltern und schläft, ohne sich zu offenbaren, ein. Der Vater erliegt der Versuchung, sich durch Ermordung des reichen Reisenden vor dem Schuldturm zu retten, und ersticht mit dem fluchbeladenen Messer den eignen Sohn.

Obwohl Werner die ihm gestellte Aufgabe glänzend gelöst hatte und Goethe dies anerkannte, stellte sich das gute Verhältnis zwischen ihnen nicht mehr her. Noch ein halbes Jahr blieb Werner in Weimar, wurde aber nur selten zu Goethe geladen, war jedoch nach wie vor bei anderen Weimarern und auch in der herzoglichen Familie gefragt. Die Herzogin ließ sich am Teetisch gern von ihm vorlesen, und Herzog Carl August, zwischen dem und Goethe zeitweilig Missstimmung herrschte, plauderte gern mit ihm. Er brachte Werner, der noch immer im Gasthaus Zum Schwan gewohnt hatte, im März im Hause seiner Geliebten, der Schauspielerin und Sängerin Caroline Jagemann, unter, mit der Goethe des Theaters wegen in Streitereien verwickelt war.

Am 4. Juni 1809 verabschiedeten sich Werner und Goethe in Jena voneinander, um sich niemals wiederzusehen. Goethe hatte es aufgegeben, einen Dramatiker wie Schiller aus dem christlich geprägten Jüngeren machen zu wollen, für Werner aber blieb Goethe, aller konträren Ansichten ungeachtet, das unersetzliche Idol.

Er sei gut und freundlich zu Werner gewesen, schrieb Goethe zwei Tage danach an seine Christiane, *»so dass er von dieser Seite auch ganz heiter abscheiden konnte.«*

Werners Notiz im Tagebuch aber lautet: *»Rührender Abschied von ihm. In seinem großen, göttlichen Auge sagt eine stille Thräne und ein Händedruck mir ohne Worte Versöhnung. Ich frage ihn, ob ich ihm schreiben dürfe, er sagt: es versteht sich! Er geht! Ich bin außer mir vor Freude. Göttlicher Tag!«*

15

Da Werner Empfehlungsschreiben aus Weimar und Jena bei sich hatte, war ihm in den benachbarten Residenzen eine freundliche Aufnahme sicher, und in den Gasthöfen war oft auch weibliches Personal zu finden, das seinen sexuellen Bedürfnissen dienstbar war.

Mit einem Mietwagen, Hauderer genannt, verließ er Jena am frühen Morgen und erreichte, nach einer Frühstückspause in Kahla, in der Mittagsstunde schon Rudolstadt. Im Gasthof Zum Adler machte er die schon erwähnte *»vergebliche Sturmattake auf eine kaum mittelmäßige Köchin«* und saß wenige Stunden später mit einigen fürstlichen Damen im Schlossgarten, las Szenen aus seiner »Wanda«, erläuterte wieder einmal sein *»System über Religion und Liebe«* und konnte sich nach dem Vortrag seiner Ballade »Die drei Reiter«, die in heiterer Form die gute Ehe verherrlicht, über viel Beifall freuen.

Sechs Tage später zogen ihn die vom Fürstenhof gestellten Pferde weiter nach Gotha, wo er im Gasthof Zur Schelle für seine Lüste eine *»dumme, klotzige*

Blondine« finden konnte, die ihm auch am nächsten Abend zur Verfügung stand. Weiter ging es nach Meiningen, wo er von der Herzogin zum Essen und Vorlesen geladen wurde, mit dem Beifall aber, wie das Stichwort *»schlechtes Geschmacksbarometer«* vermuten lässt, nicht zufrieden war. Die in Würzburg herrschende Furcht vor anrückenden Truppen gab einmalig Anlass, im Tagebuch an den Krieg zu erinnern, der zwischen Frankreich und Österreich auf deutschem Boden im Gange war. Die Schönheiten des Spessart fanden keine Beachtung, wohl aber *»zwei auffallend schöne Wirthstöchter mit schönstem Wuchs und schönem Teint«*, die er in Aschaffenburg bewundernswert fand. In Seligenstadt hatte er den *»schlechten Caffee«* zu bemängeln, und in Frankfurt, das er am 17. Juni erreichte, unterzog er sich schon am nächsten Morgen der Pflicht einer Danksagung. *»Cour bei dem Fürsten Primas«*, heißt es im Tagebuch.

Damit gemeint war der Staats- und Kirchenmann Karl Theodor von Dalberg, der als Vertreter einer katholischen Aufklärung hervorgetreten war. Er hatte sich als Erzbischof von Mainz, als Statthalter in Erfurt und als Erzkanzler des Alten Reiches Verdienste erworben und war dann von Napoleon als Fürstprimas des Rheinbundes eingesetzt worden, worunter eine formelle, also ziemlich machtlose Kanzlerschaft zu verstehen ist. Seine reformerischen Erfolge, die ihn in seinen Erfurter Jahren den Weimarer Klassikern nahegebracht hatten, wurden von ihm in den letzten Jahren der napoleonischen Herrschaft im neu für ihn

Abb. 26: Karl Theodor von Dalberg. Nach einem Gemälde von Friedrich Tischbein gestochen von Johann Georg Müller.

geschaffenen Großherzogtum Frankfurt mit der Gewerbefreiheit, der Gleichstellung der Juden und vielen Verbesserungen in Kultur und Bildung fortgesetzt. Werner, der ihn im Vorjahr in Aschaffenburg kennengelernt hatte, war im Frühjahr von ihm mit einer jährlichen Unterstützung von 1000 Gulden bedacht worden, wie übrigens auch Jean Paul.

Wahrscheinlich wollte Werner, der Unbehauste, in der Audienz beim Fürstprimas nicht nur danksagen, sondern sich auch versichern lassen, dass der Geldsegen nicht an einen Wohnort im Rheinbund, zu dem Weimar wie auch Jean Pauls Bayreuth gehörten, gebunden war. Wie das Tagebuch ausweist, wurde ihm das auch von Dalberg versichert, so dass er sein Reiseleben, das er gern Pilgern nannte, beruhigt fortsetzen konnte, allerdings erst nach zehn Tagen, da die Großstadt neben Theatern und Bibliotheken, interessanten Menschen und Gesprächen auch andersgeartete Genüsse in Tanzsälen und Freudenhäusern bot. So standen in der *»kleinen Galgengasse«* bei einer *»Schumachersfrau«* immer *»kleine und große Mädchen«* zur Auswahl bereit.

In Mainz machte das öffentliche Haus einer *»Madame Emmert«* einen so elenden Eindruck, dass der Pilger wieder kehrtmachte und sich gleich auf das Schiff nach Koblenz begab. Von dort ging es bei gutem Wetter nach Bonn weiter und zum eigentlichen Ziel der Rheinreise, dem katholischen Köln. Im Vorjahr hatte ihn dort besonders der Dom beeindruckt, dem auch eines seiner Sonette gewidmet war.

»Hier sitz ich, hier, im alten Cölln am Rheine!
 Als mich der Vater Rhein hierher getragen,
 Da war es mir, als könnt' ich alles wagen,
 Und jezzo sitz' ich hier im Dom – und weine.
Es weht aus der gemalten Fenster Scheine
 Mich durch die Riesensäulen an ein Zagen;
 Ich wag' es kaum die Augen aufzuschlagen
 Zu diesem Weltenembryon von Steinen!
Werd' ich es noch, ich Schwacher, es vollbringen? –
 Als Antwort schlägt es Zwölff in dumpfen Tönen,
 Die Mittagsglocke weckt die Mitternacht.

Sind wir vollbracht, wir Herrlichen, wir Schönen? –
Hör' ich den Dom, den Rhein, das Weltall klingen,
Und von dem Creuze bebt's: Es ist vollbracht!«

Man könnte die Woche, die Werner in Köln ausschließlich mit der Betrachtung von Kirchen und
Kunstwerken verbrachte, als Woche der Andacht bezeichnen, weil seine Begeisterung für die Kirchen-
bauten und die Gemälde altdeutscher Meister eine
vorwiegend religiöse war. Sie schienen ihm Ausdruck
seines Innern, das mehr und mehr zum Katholizismus
tendierte, wie bei anderen Romantikern auch. Viele
seiner Zeitgenossen, allen voran Friedrich Schlegel,

Abb. 27: Inneres des Kölner Doms vor den Zerstörungen
des Zweiten Weltkrieges.

teilten seine Begeisterung für die Kunst des vorrefor-
matorischen, kirchlich geeinten Europa und ließen
die Öffentlichkeit an ihr teilnehmen, so dass den
Deutschen klargemacht wurde, welch wertvolles, bis
dahin weitgehend unbeachtetes Kulturgut hier zu
entdecken war. Werner war also Teil einer Bewegung,
die unter anderem auch dazu führte, dass der unfertig
gebliebene Kölner Dom, an dem seit der Reformation
nichts mehr getan worden war, im Laufe des 19. Jahrhunderts weitergebaut wurde und so seine uns heute
bekannte Gestalt erhielt.

Diese Neuentdeckung war 1809 noch im Gange,
und Werner hatte das Glück, einige der Enthusiasten,
die sich hier besondere Verdienste erwarben, kennen-
zulernen, wie den katholischen Priester Wallraf, den
Gründer des Kölner Kunstmuseums Richartz und die
Kunstsammler Sulpiz und Melchior Boisserée. Von ihnen ließ Werner sich zu den Kunstschätzen führen,
verharrte andächtig vor ihnen und versuchte abends
ihre minutiöse Beschreibung, oft viele Seiten lang.

*»Die wilde Gier, mich pilgernd zu betäuben, / Die
nirgend ruhen mir vergönnt noch hausen, / Trieb wieder mich gen Cöln, dem alten, treuen; / Wild war der
Rhein und ließ die Wogen brausen ...«*, so beginnt sein
Gedicht »Ankunft zu Cöln«, in dem er, der *»Ver-
ruchte«*, sich von der *»heiligen Stätte«* einen *»Feuer-
regen der Gnade«* erhoffte, weshalb er alle Kirchen
der Stadt besuchte und immer wieder den Dom. In
ihm konnte er beim Fest Mariae Heimsuchung ein
Hochamt und eine Straßenprozession miterleben, bei

der ihm der *»schöne, andächtige Geist des Cölner Volkes«* auffallend war. Besonders aber beeindruckte ihn ein Gemälde, das er in seiner Euphorie auf gleiche Stufe mit Mozarts »Don Juan«, Goethes »Faust« und Shakespeares »Romeo und Julia« stellte, durch die die *»Ahnung der Gottheit«* in ihn gekommen war.

Es handelte sich dabei um das meist als Dreikönigsaltar bezeichnete Triptychon Stefan Lochners, das 1810 in die Marienkapelle des Kölner Doms einfügt wurde, wo es nach Beseitigung der Kriegsschäden heute wieder zu sehen ist. Da man es damals Lochner noch nicht zuschreiben konnte, wurde es von Werners kundigem Führer Wallraf als Werk eines unbekannten Kölner Meisters bezeichnet, das etwa 1440 für die Kölner Ratskapelle gemalt worden war. Es zeigt im Mittelteil die drei Könige, die Maria mit ihrem Kinde anbeten, auf dem rechten Flügel die Heilige Ursula mit Bräutigam und einigen ihrer Jungfrauen und auf dem linken Flügel den geharnischten Heiligen Gereon, der die Kreuzfahne trägt.

In der Darstellung der Heiligen Ursula und ihres Bräutigams, eines heidnischen Prinzen, glaubte Werner alle sittlichen Werte erkennen zu können, die zu gestalten er sich dichtend bemüht hatte, *»die sich vergöttlichende irdische Liebe«* oben an. Das Brautpaar schien ihm genau dem zu gleichen, das er sich im »Kreuz an der Ostsee« mit Warmio und Malgona erdichtet hatte. Sein Ideal einer *»göttlich reinen und schuldlosen«* Liebe fand er in diesem Bild wieder. Hier

war, wie er es immer erstrebt hatte, die Kunst identisch mit der Religion. Ein *»freudiges Grauen«* habe
ihn beim Anblick der Heiligen Ursula und ihres
Bräutigams ergriffen, schrieb er an Frau von Schardt
nach Weimar, weil er hier des Idealbildes ansichtig
wurde, das ihm bei der Erdichtung seines bräutlichen
Paares vorgeschwebt hatte, *»nur unendlich klarer,
göttlicher, schöner gedacht und ausgeführt, als ich Sün-*

der sie ahnen, geschweige denn ausdrücken konnte. Mit einem Wort: diese heilige Dreieinigkeit von Gemälden ist die Erklärung meines Systems.«

Er konnte Köln nicht verlassen, ohne sich von dem geliebten Altarbild betend verabschiedet zu haben. Am nächsten Tag aber war der Einfluss des heiligen Köln anscheinend wieder verflogen, denn nach der Besichtigung aufgelassener Klöster kam es, laut Tagebuch, in Bonn auch wieder zu einer *»Mädchenprügelei«*.

16.

Während Napoleon die Österreicher bei Wagram besiegen und bald darauf in Wien einziehen konnte, wandte sich Werner wieder nach Süden, den Rhein aufwärts nach Frankfurt und Mannheim, traf in Heidelberg wieder mit Goethes Sohn August zusammen und schrieb am 22. August 1809 in Tübingen einen Brief an Goethe, in dem er von den Kölner Kunstschätzen schwärmte und dadurch als Erster Goethes Interesse an der altdeutschen Malerei zu wecken verstand.

Nach dem Scheitern aller Hoffnungen, an deutschen Theatern bleibend anzukommen, war Werners Sehnsucht jetzt noch mehr auf Italien gerichtet, wo ihn Rom, die Welthauptstadt des Katholizismus besonders lockte, aber da Madame de Staël ihn wieder eingeladen hatte, reiste er erst zu ihr an den Genfer See.

Anne Louise Germaine de Staël, eine Tochter des Genfer Bankiers Jacques Necker, des letzten Finanzministers Ludwigs XVI., war in Paris geboren, hatte sich schon in jungen Jahren in den Salons durch Geist

Abb. 29: Anne Louise Germaine de Staël-Holstein.
Anonymer Kupferstich.

und Beredsamkeit ausgezeichnet und auch nach ihrer
Heirat mit dem schwedischen Gesandten Baron Erik
Magnus Staël von Holstein, mit dem sie nur wenige
Jahre zusammenlebte, die öffentliche Meinung im li-
beralen Sinne mitbestimmt. Als Gegnerin Napoleons
war sie von diesem aus Frankreich verbannt worden
und musste auf ihrem Schweizer Besitz Coppet leben,
was für die Großstadtgewohnte bitter war. Als Ersatz
für die Pariser Salongespräche diente ihr hier ein
wechselnder Kreis von Verehrern aus vielen europäi-

schen Ländern, den sie ständig um sich zu scharen verstand. Zu ihren bekannten Gästen aus Deutschland zählten neben Schlegel und Chamisso auch der preußische Prinz August, der 1807, aus der Kriegsgefangenschaft in Frankreich kommend, mit seinem Adjutanten Karl von Clausewitz zusammen in Coppet eine Erholungspause eingelegt hatte und dabei in leidenschaftlicher Liebe zur besten Freundin der Schlossherrin, der ihrer Schönheit und Klugheit wegen berühmten Juliette Récamier, entbrannt war.

Als Schriftstellerin hatte sich Germaine de Staël schon in jungen Jahren betätigt und vor allem mit ihrem autobiographisch grundierten Roman »Corinna« Erfolg gehabt. Seit einigen Jahren war sie mit einem Buch beschäftigt, welches die Franzosen davon überzeugen sollte, dass auch die deutsche Kultur beach-

Abb. 30: Schloss Coppet. Foto von etwa 1960.

137

tenswert war. Auf zwei Erkundungsreisen zu den kulturellen Zentren Deutschlands war sie mit vielen bedeutenden Autoren bekannt geworden, so auch mit August Wilhelm Schlegel, der ihr seit ihrem Berlin-Besuch nicht mehr von der Seite gewichen war. In ihm hatte sie für ihr Deutschland-Buch den sachkundigsten Berater, und wahrscheinlich hatte er auch ihr Interesse an Werner geweckt. Durch Schlegel lernte sie Werners Dramen zu schätzen, und da sie mit Genies aller Art Erfahrungen hatte, sah sie im persönlichen Umgang mit ihm über seine störenden Eigenarten wie das ständige Tabakschnupfen und die aufdringliche Bekehrungssucht großzügig hinweg.

Ihr Deutschland-Buch, das 1810 in Frankreich zwar gedruckt werden konnte, aber keinen Leser erreichte, weil es nach dem Verbot durch Napoleon eingestampft wurde, konnte erst 1813 im Exil der Verfasserin, in England, erscheinen und kam noch im selben Jahr in deutscher Übersetzung im Verlag von Werners Berliner Freund Hitzig heraus. Dem Dramatiker Werner ist in ihrem Buch ein umfangreiches, anerkennendes, aber nicht unkritisches Kapitel gewidmet, das mit folgendem Satz beginnt: *»Seitdem Schiller tot ist und Goethe nicht mehr für das Theater schreibt, ist Werner unter den dramatischen Schriftstellern Deutschlands der erste.«* Eingehend bespricht sie alle damals bekannten Stücke, rühmt deren Verskunst, glaubt aber, dass die oft vorherrschende lyrische Stimmung die dramatische Wirkung mindert und dass die mystischen Passagen oft entbehrlich sind. Besondere Qualitäten schreibt sie dem »Vierundzwanzigsten Februar« zu.

Werner war an der Entstehung ihres Deutschland-Buches nicht beteiligt, in seinen Briefen an sie wird ihr Buch oder die Arbeit an ihm nie erwähnt. Als er ihr 1808 zum ersten Mal begegnet war, hatte er sie brieflich als eine *»geborene Meisterin mit Seelengröße«* bezeichnet, die die besten Köpfe in ihren *»Zauberkreis«* zu bannen fähig sei. Ihr Körper, so heißt es in dem Brief weiter, sei, *»ohne nymphenhaft schlank zu sein, wollüstig schön, zumal Brust und Nacken«*, ihr Gesicht dagegen weniger anziehend, doch habe sie *»herrliche Augen, in denen eine große göttliche Seele nicht nur strahlt, sondern feuerflammt.«* Ihr Geist sei bewundernswert, werde aber in Größe und Güte von ihrem Herzen noch überflügelt. *»Man muss sie anbeten wie meine Freunde A. W. Schlegel und B. Constant, von denen der letzte der eigentliche Liebling ihres Herzens ist.«*

Ihr Schloss Coppet, das Werner Anfang September 1809 wieder erreichte, war ein Bau des 18. Jahrhunderts, der über den Resten einer mittelalterlichen Wasserburg errichtet worden war. Necker hatte die Zweiflügelanlage mit Seeblick, auf die eine Ulmenallee zuläuft, 1784 erworben, aber kaum bewohnt, und seine Tochter, die die städtische Geselligkeit brauchte, hatte sich in jungen Jahren in dieser paradiesischen Abgeschiedenheit unwohl gefühlt. Auch später, als Napoleon sie aus Paris vertrieben hatte, hielt sie es hier nur in anregender Gesellschaft aus. Das Schloss, das genug Raum bot, war deshalb immer von Gästen belebt.

In August Wilhelm, dem älteren der Schlegel-Brüder, der der Schlossherrin in unerwiderter Liebe als Erzieher ihrer Kinder und als literarischer Berater diente, hatte Werner einen Geistesverwandten gefunden, von dem auch ein Übertritt zum Katholizismus, wie ihn sein Bruder Friedrich 1808 in Köln vollzogen hatte, erwogen (aber nicht ausgeführt) worden war. Von Werners neuem Stück, dem »Vierundzwanzigsten Februar«, das schon Goethes Zustimmung gefunden hatte, war auch Schlegel begeistert, und da Germaine de Staël seine Meinung teilte, wurde die laienhafte Uraufführung des Stücks beschlossen, die Anfang Oktober tatsächlich erfolgte und später im Deutschland-Buch lobende Erwähnung fand. Auch die schauspielerischen Qualitäten der *»beiden berühmten Dichter«* werden erwähnt.

Wie Werner Goethe mitteilte, fand die Aufführung auf dem *»Privattheater der Frau St.«* am 13. Oktober statt. *»Die mitspielenden Personen waren: ich, der den alten Kuntz, A. W. Schlegel, der den Sohn Kurt, und ein Fräulein Zeuner (ehedem Hofdame bey der Königin Mutter in Berlin), welche die Trude spielte«.* Die Reaktion der Zuschauer, die aus unterschiedlichen Ländern kamen, aber des Deutschen mächtig waren, fiel für Werner ermutigend aus. Goethe, der das Stück in Weimar aufzuführen versprochen hatte, bekam deshalb auch zu erfahren, dass *»der Effeckt des Stück*s« über alles Erwarten stark gewesen sei.

Im selben Brief erfuhr Goethe auch von Arbeits-
vorhaben Werners, die vermutlich durch Anregungen
Schlegels zustande gekommen waren und so bedeutende Stoffe wie Maria Stuart, Konradin von Schwa-
ben und die Königin Christine von Schweden betra-
fen, aber nie von Werner auch nur weitergedacht
worden sind. Auch konnte Goethe von der geplanten
zweiten Italien-Reise erfahren. Sie sollte in Rom enden, da Werner jetzt des Wanderns müde sei. *»Es zieht
mich eine unüberwindliche Sehnsucht nach dem hoch-
gelobten Lande Italia. Vielleicht ist es mein Schicksal,
das mir winkt, vielleicht will es mich heilen oder mit
mir enden! Ich will, ich muss diese Sehnsucht stillen«,*
um entweder dort, im *»schönsten Land der Erde, Hüt-
ten zu bauen oder beruhigt zurückzukehren, meinen
Wanderstab zu zerbrechen und in irgendeinem Flecken
Deutschlands still fortzuleben.«*
Kurz vor Antritt der Italien-Reise schrieb er aber
noch einen anderen Brief nach Weimar, an seine See-
lenfreundin Frau von Schardt: *»Halte mich nicht für
hart, theure Schwester, nicht für leichtsinnig; ich muss –
muss die lange Sehnsucht stillen, muss am Grabe der
heiligen Märtyrer zu Rom Petrus und Paulus mein be-
klemmtes Herz ausweinen, die gegen meine Mutter be-
gangenen Sünden entsühnen. Vielleicht wird mir Trost
gewährt, vielleicht wird mein Herz von der irdischen
Liebe geheilt, vielleicht komme ich dann heiter zu Dir
zurück, meine zarte, theure Sophie. … Und izt meine
meisterlichen Aufträge. Verlasse Gott und Jesum Christum nicht! Bleibe mit Deinem Manne vereint und pflege*

ihn, den Rechtschaffenen, bey immer zunehmendem
Alter und Schwäche treu bis an seinen Tod!«

Versehen mit Empfehlungsbriefen der Frau von
Staël an römische Bekannte, machte sich Werner am
1. November, dem Allerheiligentag, tatsächlich auf
den Weg in die heilige Stadt.

17.

Die erste Etappe der Rom-Reise, die von Genf über den Mont Cenis nach Turin führte, wurde von Werner und drei anderen Personen in sechseinhalb Tagen in einem Mietwagen zurückgelegt. In den Pauschalpreis, den die kleine Reisegesellschaft im Voraus zu zahlen hatte, waren auch Übernachtung und Verpflegung, Licht und Heizung mit einbegriffen, nicht aber die Ausgaben für Kutscher und Dienerschaft. Da die Mitreisenden, eine Mutter mit Tochter und ein junger Genfer, gebildet und umgänglich waren, fühlte Werner sich in ihrer Gesellschaft wohl. Gern plauderte er mit ihnen, erzählte die Handlungen seiner Tragödien, sang Lieder mit ihnen, von denen der Kanon *»Wenn der Bock schreit, dudideldu«* die Damen besonders erfreute, und spazierte auch manchmal, wenn mittags die Sonne wärmte, mit ihnen dem Wagen voraus. Morgens wurde um vier oder fünf Uhr schon aufgebrochen und im Wagen weitergeschlafen, so lange es dunkel war. Bei steilen Auffahrten in den Alpen mussten die Passagiere den Wagen manchmal verlassen. In Fahrpausen wurden die Pferde gefüttert, während die Reisenden sich die Füße vertraten und nach Sehenswertem Ausschau hielten. Wenn die Rast zur Besichtigung einer Kirche reichte, versäumte es Werner nie, am Altar ein Vaterunser zu beten, und jedes Mal merkte er das im Tagebuch an.

Zeitgeschichte dagegen wird im Tagebuch nicht erörtert, neben der eignen Befindlichkeit interessieren nur Kunst und Natur. Zu den Truppenbewegungen, die die Reisenden beobachten können, werden keine Kommentare gegeben, und an den Grenzen, die von Napoleon zum Teil neu gezogen worden waren, ist nicht von dessen Machterweiterung die Rede, sondern nur von den Zollbeamten, von denen die schweizerischen freundlicher und großzügiger als die französischen und italienischen sind. Bei einer Begegnung mit verwundeten Soldaten wird nicht gefragt, von welchen Schlachtfeldern sie kommen, und als sich auf der nächsten Reiseetappe der Mietwagen zeitweilig mit kranken neapolitanischen Offizieren füllte, die für Napoleon in Spanien hatten kämpfen müssen, fühlte sich Werner, obwohl die Uniformierten *»ziemlich artig«* waren, durch *»ihre Gegenwart incommodirt«*. Als ihm auf dem Mont Cenis in einem von Benediktinern geführten Hotel das Bett gezeigt wurde, in dem der von Napoleon verschleppte Papst geschlafen hatte, ist bei ihm, statt Empörung über diese Gewalttat nur Genugtuung darüber zu spüren, dass der Verschleppte, wie erzählt wurde, heiter und leutselig wie ein Heiliger gewesen sei.

In den auf der Reise entstandenen Gedichten, die die Tagebucheintragungen ergänzen, wird Gesehenes und Erlebtes zum Abbild des Inneren gemacht. So wird dem Dichter der »Italienische Sonnenaufgang« zur Verheißung der ihm in Rom zuteilwerdenden Erlösung, und ein Tag im Nebel lässt reuevolle Verse der Selbstanklage unter dem Titel »Die Mutter« entstehen. Dieser, der Werner sowohl seinen christlichen Glauben als auch die Gabe des Dichtens zu verdanken meinte, hatte er in der Jugend ihre unendliche Liebe schlecht entgolten und ihr viel Leid zugefügt.

> *»Wie hast du, Liebe, mütterlich*
> *Mich immer doch geleitet!*
> *Er spricht's und weinet bitterlich,*
> *Doch wird sein Herz erweitet.*
> *Wie hast du treu dein Flügelpaar*
> *Auf mich, der immer treulos war,*
> *Doch immer ausgespreitet.«*

Mit der Hoffnung, dass er von dieser, ihn *»centnerschwer«* bedrückenden Schuld in Rom Entlastung finden werde, schließt auch dieses Gedicht.

In Turin musste Werner den schweizerischen Mietwagen mit einem italienischen tauschen und geriet dabei in eine Reisegesellschaft, die ihm weniger behagte, weil sie zahlreicher und vulgärer war. Schlechter wurden nun auch die Nachtquartiere und kürzer die Aufenthalte, so dass er von Alessandria, Parma und Bologna nur flüchtige Eindrücke gewann.

In Florenz aber blieb er zwei Wochen, weil so viele Kunstschätze in Kirchen und Palästen zu bewundern waren, Opern, Schauspiele und Konzerte lockten und Huren sich anboten, deren eine er im Tagebuch ohne weitere Erklärung *»niederträchtig«* nennt.

Auf solche Abwege aber kam er auf dieser Pilgerreise nur selten, meist war eine religiöse Gestimmtheit in ihm vorherrschend, in der er sich auch durch die Lektüre der »Nachfolge Christi« des Thomas a Kempis (Thomas von Kempen) leiten ließ. Dieses Andachtsbuch eines niederländischen Mönchs des 15. Jahrhunderts, das als Anweisung zu einem gottgefälligen geistlichen Leben zeitweilig in vielen Sprachen so verbreitet war wie die Bibel, konnte für Werner auch deshalb so wichtig werden, weil sein Verfasser, dem Leser Werner ähnlich, sich der Unzulänglichkeiten im Glauben bewusst ist und eigne Sünden und Zweifel beklagt. Werner benutzte das Buch oft als Orakel, indem er aus zufällig aufgeschlagenen Seiten Lehren für sein Denken und Glauben zog.

Am 9. Dezember 1809 konnte er endlich, noch im Wagen sitzend, eine »Vor Rom« betitelte Kanzone dichten, während er *»unten im Thale in sonnenschimmernder und neblichter Ferne (es war gegen Mittag) die Hauptstadt der Welt mit ihren zahllosen Kuppeln schwimmen sah.«* Die *»unendliche Wonne«*, die ihn beim Durchfahren der Porta del Popolo durchströmte, wurde etwas gemindert, als am Zollamt alle Koffer geöffnet und durchsucht wurden, während ihn *»das Gewühl von Wagen, Eseln, Pferden, Karren, Packträ-*

gern, Passagieren und Douaniers« erschreckte und das *»Geschrei und Geschnatter der tausend unharmonischen Kehlen«* unbeschreiblich war. Doch nachdem er sich wenig später vom Hotel zum Petersdom hatte führen lassen, war er von dessen harmonischer Schönheit, die seine Größe fast vergessen lässt, überwältigt. Er nennt ihn den *»Tempel aller Tempel«* und das schönste Symbol des sich im Christentum der Menschheit nähernden Gottes, dessen *»leibhaftige Nähe«* die Seele nirgendwo so deutlich spüre wie hier.

Nachdem er lange, *»von süßer Andacht und bitterer Wehmuth überwältigt«*, am Grabe des Apostels Petrus um *»Sündenvergebung«* gebetet hatte, kam ihm beim zufälligen Aufschlagen der »Nachfolge Christi« ein Paulus-Zitat (das er irrtümlich Petrus zuschrieb) über

Abb. 31: Der Petersplatz in Rom im 19. Jahrhundert.

die Pflicht zur Entsagung vor Augen, das ihm eine
»göttliche Gnadenwirkung« zu haben schien. *»Wer hier
nicht Gottes Finger sieht, erkennt ihn nirgend«*, heißt es
im Tagebuch weiter, *»aber ich Verächtlicher bin zu
stumpf, um die dort verlangte Entsagung zu leisten, und
es heißt bei mir wie bei Petrus, der von sich sagt: Das
Gute, das ich will, das thue ich nicht, aber das Böse, das
ich nicht will, das thue ich. Gott stehe mir Elenden bei
und verwerfe mich nicht so tief als ich mich selbst zu
verachten gezwungen bin!«*

Zu der von sich selbst geforderten Entsagung war
Werner vorläufig noch nicht in der Lage, wie er vier
Jahre später im *»Abschied von Rom«* auch bekennt.
Nachdem sich der *»wüste Sünder«* an sein erstes, trös-
tendes Gebet am Grabe des Apostel Petrus erinnert
hat, lauten die nächsten zwei Strophen so:

»Genug, ich ging getröstet fort,
Doch blieb die Schuld, so hier wie dort,
Den Pass mir zu verhauen.
Selbst in der sieben Hügel Schoos
War das Gelüst mein Taggenoss,
Mein Nachtgesell das Grauen!

Gehetzt, der alten Sünden treu,
Von Reu' zu Gier, von Gier zur Reu',
Selbst auf den heil'gen Bergen
Hab' ich gesündigt freventlich;
Entwürdigt hab' ich Rom und mich,
Das will ich nicht verbergen.«

Abb. 32: Papst Pius VII.

Auch im Tagebuch wird die dunkle Seite seines Rom-Aufenthalts nicht verborgen. Schon am dritten Abend nach seiner Ankunft ist von einem *»süßen Genuss«* die Rede, den ihm eine *»kleine junge Donna«* namens Angiolina bereitet habe, am vierten Abend ist es eine *»Rosa, ein passables Mädchen«*, und am fünften stehen nacheinander eine *»niedliche Nina«* und eine *»Signorina Gianettina«* zu Diensten, denen er später noch weitere Abendstunden geopfert hat. Seine Tage jedoch waren der Kunst und den Künstlern gewidmet und in zunehmendem Maße der Kirche und dem Gebet.

18.

Werners politisches Desinteresse, das teilweise wohl auch eine diesbezügliche Blindheit zur Folge hatte, wurde bei seiner Ankunft in Rom überdeutlich, als er im Tagebuch zwar flüchtig anmerkte, dass am Petersdom ein französischen Posten wachte, eine Erklärung dieses Umstands aber schuldig blieb. Auch die Abwesenheit des Papstes nahm er als ein Gegebenes hin, ohne sie zu erklären. Weder im Tagebuch noch in den Briefen sind Andeutungen darüber zu finden, dass das Papsttum als Zentrum des Katholizismus, dem Werners Pilgerreise gegolten hatte, von Napoleons Machtanspruch in Frage gestellt wurde. Die Trikolore, die über dem Vatikan wehte und vom jahrelangen Ringen zwischen dem französischen Kaiser und dem Papst kündete, wurde von Werner anscheinend lange ignoriert. Erst als er den Papst zur Durchsetzung eigner Ziele brauchte, machte er sich das Anormale der Lage des katholischen Roms bewusst.

Papst Pius VII., der sein Amt im Jahre 1800 angetreten hatte, war Napoleon vier Jahre später bei dessen selbstherrlicher Kaiserkrönung zu Willen gewesen, hatte sich aber einer weiteren Unterwerfung nicht beugen wollen, worauf Napoleon 1808 Rom annektiert, den Kirchenstaat aufgelöst und den Papst als Gefangenen verschleppt hatte, erst in die ligurische Hafenstadt Savona und später, 1811, nach Fontainebleau bei Paris. Werner, der fast vier Jahre in Rom verbrachte und unzählige Male im Petersdom die Messe hörte, wurde also des Papstes nie ansichtig, erwähnte aber diesen ungewöhnlichen Umstand nie.

Werners Einleben in Roms Künstlerkreise, zu denen viele Deutsche gehörten, fiel ihm durch die Empfehlungsschreiben, die er aus Coppet, Gotha und Weimar mitgebracht hatte, nicht schwer. Schon am ersten Tag nach der Ankunft konnte er beim polnischen Prinzen Stanislaw Poniatowski, einem exilierten Neffen des letzten Königs von Polen, vorsprechen, eine aus Gotha stammende Opernsängerin aufsuchen und an einem Essen beim kunstbegeisterten Prinzen Friedrich von Sachsen-Gotha-Altenburg, dem später katholisch gewordenen Herzog Friedrich IV. teilnehmen, bei dem er auch mit Caroline von Humboldt bekannt wurde, die er im Tagebuch eine *»kleine, etwas verwachsene, aber geistreiche Frau«* nannte. Ihrer Einladung zum Besuch ihres Hauses folgte er sofort und wurde später ein gerngesehener Gast bei ihr.

Wilhelm von Humboldt, der in Rom jahrelang als Gesandter Preußens am Heiligen Stuhl gelebt hatte, war im Zuge der preußischen Reformen in die Heimat zurückbeordert worden, um das Bildungswesen

Abb. 33: Caroline von Humboldt.
Gemälde von Gottlieb Schick.

zu reformieren, seine Frau Caroline aber war mit den Kindern in Rom geblieben, wo ihr Haus ein Treffpunkt vor allem für Künstler war. Hier kam Werner in den kommenden Monaten mit dem jungen Bildhauer Rauch zusammen, den Frau von Humboldt als Zeichenlehrer ihrer Töchter beschäftigte, lernte den aus Stuttgart stammenden Maler Gottlieb Schick kennen, der das bekannte Gemälde der beiden Humboldt-Töchter gemalt hatte, und befreundete sich mit den Brüdern Franz und Johannes Riepenhausen, mit denen ihn die Hinneigung zum katholischen Glauben, den sie schon 1804 angenommen hatten, und die Verehrung Raffaels verband.

Obwohl Werner *»etwas auffallend Hässliches im Äußeren«* habe, schrieb Caroline von Humboldt an ihren Gatten, missfalle er ihr nicht. Er spreche einfach und vernünftig, habe aber auch Eckiges und Bizarres in seinem Wesen, doch sehe sie ihn oft und gern. Dass er seine Malgona, die ihn Kunths wegen verlassen hatte, noch immer sehr liebte, rührte sie zu Tränen. Rauchs Porträtbüste von Werner, die sie wahrscheinlich angeregt hatte, erschien ihr so ähnlich, *»dass man ordentlich davor erschrickt«*. Sie ließ sich von Werner auf Ausflügen begleiten, kam mit ihm und anderen auch auf einer Tour nach Neapel zusammen, und als Goethe ihr ein Exemplar der gerade erschienenen »Wahlverwandtschaften« sandte, kam auch Werner bald in den Genuss dieser Lektüre, durch die in ihm, wie er es in Versen sagte und auch Goethe glauben machen wollte, ein Wunder geschah.

Der Roman, der in Teilen die Vermutung aufkommen lassen könnte, Goethe habe sich in ihm als der bessere Romantiker beweisen wollen, sagte Werner selbstverständlich zu. Besonders fühlte er sich von der Gestalt der Ottilie angesprochen, die ihrer Liebe entsagt und wie eine Heilige stirbt. In einem Brief an Goethe verstieg er sich im April 1811 zu der Behauptung, der Satz, der von Ottilies Entsagung berichtet, habe in ihm blitzartig den Entschluss, katholisch zu werden, entstehen lassen, und in seinem Gedicht »Abschied von Rom« hat er diese Version seines Katholischwerdens wiederholt:

»Da ließ der Herr den Blitz erglüh'n:
Nur der Entsagung wird verzieh'n,
Sprach Gott im Blitzesflimmer! —
Ottiliens erstarrter Schmerz
Schoss wie der Blitz ins wunde Herz,
Und ich entsagt für immer.

Im Hornung achtzehnhundert zehn
Hatt' ich den Wunderblitz geseh'n
Und noch im selben Jahre
Am Tage vor des Herren Qual,
Als er fundiert sein Abendmahl.
Kniet' ich am Sühnaltare!«

In Wahrheit war es wohl so, dass der von seiner pietis-
tischen Mutter christlich geprägte Werner, der seines
nicht beherrschbaren Sexualtriebes wegen ständig
vom Sündenbewusstsein gequält wurde, sich durch
Eingliederung in die strenge Ordnung der katholischen Kirche Heilung versprochen hatte und mit diesem Vorsatz schon nach Rom gekommen war. Hier
wurde er von der religiösen Kunst und der überall
sichtbaren Volksfrömmigkeit stark beeindruckt, und
auch deutsche Künstler wie die Brüder Riepenhausen und die sogenannten Nazarener mit ihren Raffael
verpflichteten Werken wirkten auf ihn. Besonders
gefördert aber wurde seine religiöse Entscheidung
durch den jungen Priester und Theologieprofessor
Pietro Ostini, den späteren Kardinal. In ihm fand
Werner einen Beichtvater, der ihn in katholisches

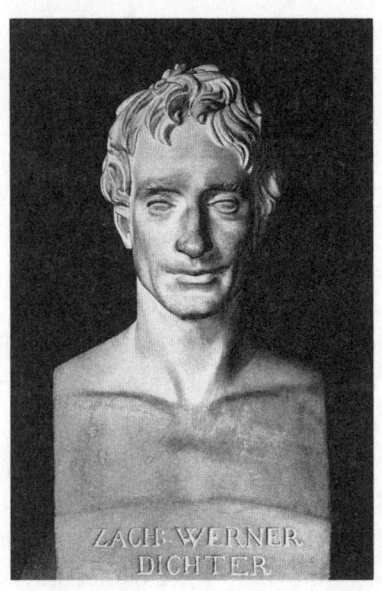

Abb. 34: Marmorbüste Werners von
Christian Daniel Rauch, entstanden 1810 in Rom.

Denken einführte und ihn, nach der Generalbeichte
»am Tage vor des Herren Qual«, am Gründonnerstag
also, in die Kirche aufnahm.

Das geschah am 19. April 1810. Am 17., vermutlich
dem Tag seiner Beichte, schrieb er an Frau von
Schardt in Weimar: *»Theure in Xsto* [Christo] *geliebte*
Schwester. Ich bin gesund an Körper und gesund wie nie
an der Seele! Ich habe mehr Hoffnung zur Wiedererlan-
gung meines seit 20 Jahren verlohrenen Friedens. Das
Bild meiner Frau ist aus meiner Seele verschwunden.
Das Bild meiner verklärten Mutter ist darin aufgegan-
gen. Der Wollust habe ich entsagt auf immer. Ich bin

Deiner würdig. Preise Gott für mich und bete, dass wir getreu bleiben bis ans Ende, denn sonder Ihn, der Großes an mir gethan hat, sind wir gar nichts.«

Um den Versuchungen, die nicht ausblieben, künftig widerstehen zu können, wurde Werner, wie viele andere Konvertiten, in der Glaubensausübung besonders streng. Er betete häufig, als würde die höhere Zahl der Gebete ihre Wirkung steigern, hörte mindestens einmal täglich in einer der vielen Kirchen der Stadt die Heilige Messe und brachte es einmal sogar auf fünf Messen am Tag. Sein Tagesablauf wurde völlig verändert. Hatte er vorher den Tag mit dem Frühstück im *»Caffé Nuovo«* und einem Spaziergang oder einer Besichtigung begonnen, so gingen jetzt die Gebete, das Studium der Bibel oder das Lesen in den geistlichen Liedern des Novalis vor. Er beichtete und kommunizierte so häufig, dass es selbst in Rom Aufsehen erregte, beteiligte sich an Straßenprozessionen und war von Messen, in denen die Erstkommunion von Kindern gefeiert wurde, tief berührt. Der Erstkommunion einer Gruppe von Mädchen haben die Brüder Riepenhausen später eine Zeichnung gewidmet, und Werner, der viele Stunden der Andacht in den Gemächern des Apostolischen Palastes vor Raffaels Fresken verbrachte, hat diese Andachtsstunden später zu den 35 Strophen einer geistlichen Dichtung verarbeitet, die den Titel »Raffaels Stanzen« führt.

Von Arbeiten für die Bühne ist in den vier in Rom verbrachten Jahren nicht mehr die Rede. Was er 1809

an Frau von Staël geschrieben hatte, wurde 1810 von ihm schon wahrgemacht: *»Ihre Hoffnung, dass ich Schiller beim deutschen Theater ersetzen soll, wird nicht erfüllt werden. Man macht nicht nur meiner Mystick, meinem System den Krieg, man will, dass ich den Centralpunkt meines Lebens verlassen soll, um ein Theaterschriftsteller zu werden. Das wäre für einen Eyerkuchen zu viel hingegeben. Wenn ich entweder der Gottheit in mir entsagen oder das Theater verlassen soll, so habe ich schon gewählt, ich verlasse das Theater.«*

Auch in dem oben erwähnten Brief an Goethe, der in dem Bewusstsein geschrieben wurde, dass seine

Abb. 36: Zacharias Werner 1817.
Aquarell von Moritz Daffinger.

Konversion ihn endgültig von dem Verehrten ge-
trennt hatte, wird Dichtung nicht mehr erwähnt. Er
versucht Goethe klarzumachen, dass ihn seine Entscheidung *»zufriedener und glücklicher«* als je zuvor
gemacht habe, und lässt dabei einfließen, dass seine
Verehrung Goethes unverändert geblieben sei.

Und tatsächlich währte Werners Hochschätzung
des unerreichbaren Meisters bis ans Lebensende,
während Goethe seinem einstigen Zögling die Wahl
eines eignen Weges nie verzieh. Aus Ärger darüber
dichtete er 1814, als Werner schon wieder in Deutschland weilte, boshafte Verse, die er aber nicht veröf-
fentlichte, so dass man sie erst in seinem Nachlass
fand:

»Herr Werner, ein abstruser Dichter,
Dazu vom sinnlichsten Gelichter,
Verleugnete sein schändlich Lieben,
Die Unzucht, die er stets getrieben,
Nun sucht er neue Lasterspur;
Ihn treibt die sündige Natur
Nach Rom zur babylonschen Hur.
Da laicht er denn mit Mönch und Nonnen
Und glaubt, er habe viel gewonnen
Dass, was er fleischlich sonst vollführt,
Den Leichnam er geistlich nun branliert.
Nun will der Kerl sich mit den treuen
Keusch-siegesfrommen Deutschen freuen,
Da doch der Papst, der Antichrist,
Ärger als Türk und Franzosen ist.«

19.

Da die romantische Bewegung in Deutschland viele Übertritte zur katholischen Kirche zur Folge gehabt hatte, wurde Werner oft vorgeworfen, er sei bei seinem Glaubenswechsel nur dieser Mode gefolgt. Das Unzutreffende dieser Vorwürfe beweisen nicht nur die Bühnenstücke, die alle eine Nähe zum Katholizismus aufweisen, sondern mehr noch seine Briefe und Tagebücher, in denen er sich als überzeugter, aufrichtiger, manchmal auch übereifriger Katholik erweist. So ernst war es ihm mit dem neuen Glauben, dass er in dem Bemühen, tiefer in katholisches Denken einzudringen, sich täglich von seinem Beichtvater Pietro Ostini, Professor am Collegium Romanum, Theologieunterricht erteilen ließ. Ständig war er mit der Bibel und anderen religiösen Schriften beschäftigt, absolvierte Exerzitien bei den Benediktinern, erwog zeitweilig, selbst Mönch zu werden, träumte auch, wie früher als Freimaurer, von der Stiftung einer neuen Brüdergemeinde, und entschloss sich endlich, Priester zu werden, und zwar ein Weltpriester, der in der unchristlicher werdenden Gesellschaft, in der er lange gelebt hatte, missionarisch wirken kann.

Bei seinem sündigen Vorleben mit drei von der Kirche verbotenen Ehescheidungen konnte ihm die Priesterweihe nur mit Sondererlaubnis des für ihn zuständigen Bischofs erteilt werden, in Rom also nur von Papst Pius VII., den Napoleon in Savona gefangen hielt. Dorthin wurde Werners Gesuch, das von

Abb. 37: Zacharias Werner 1818. Gezeichnet von Eduard Schnorr von Carolsfeld, gestochen von Johann Friedrich Schröter.

Ostini unterstützt wurde, also gerichtet, aber die Antwort fiel ablehnend aus. Vom Papst wurde die Zeit der Bewährung zwischen Konversion und Priesterweihe für zu kurz gehalten, ein Jahr später könne das Gesuch erneut eingereicht werden. Dazu konnte es aber nicht kommen, weil Napoleon den Papst 1811 nach Frankreich verschleppte, wo er nicht mehr erreichbar war. Werner, der seine Absicht nicht aufgeben wollte, entsann sich nun seines Gönners Dalberg, der neben seinem Amt als Fürstprimas des Rheinbundes auch das des Bischofs von Aschaffenburg versah.

Vermutlich war Werners Entschluss, nach Deutschland zurückzukehren, hauptsächlich der Hoffnung geschuldet, dort Priester werden zu können, doch wirkten dabei auch andere Faktoren mit. Sein »Abschied von Rom«, das auf der Rückreise in Mailand vollendet wurde, spricht auch wieder von innerer »Unruhe«, die ihn weitertreibe, und auch die sich abzeichnende militärische Niederlage Napoleons spielte wohl mit.

Als Werner am 22. Juli 1813 in Rom aufbrach, um über Mailand nach Aschaffenburg zu reisen, tobte in Deutschland schon seit vier Monaten der antinapoleonische Befreiungskrieg. Die verbündeten Armeen Preußens und Russlands waren in Brandenburg, Schlesien und Sachsen in Kämpfe mit den napoleonischen Truppen verwickelt, und Österreich bereitete sich auf den Kriegseintritt vor. Werner aber konnte noch unbehelligt nach Aschaffenburg und gleich weiter nach Frankfurt reisen, wo er, nachdem er wieder dem geliebten Köln einen Kurzbesuch abgestattet hatte, einige Monate blieb.

Hier zeigte sich, dass er seine Rückkehr nach Deutschland auch mit der Hoffnung verbunden hatte, nach vier römischen Jahren in der deutschen Literaturszene wieder Fuß fassen zu können, und da die allgemeine Stimmung in Deutschland sich durch den Befreiungskrieg stark verändert hatte, war er, so gut er konnte und soweit es seine katholische Mission erlaubte, um Anpassung bemüht. Das war es, was Goethe in seiner gereimten Schmähung Werners meinte, als er die zwei Zeilen über den *»Kerl«*, der sich mit den *»treuen, fromm-siegesfrohen Deutschen«* freuen wolle, schrieb. Und tatsächlich war Werners plötzlich ausgestellter Patriotismus auffallend, und da er sich ungeschickt dabei anstellte, war die Peinlichkeit groß.

Kaum war er im Herbst 1813 nach seinem Ausflug nach Köln wieder in Frankfurt angekommen, wo sich die Heerführer der Alliierten trafen, während ihre Armeen die französischen Truppen schon über den Rhein zurücktrieben, machte er mit einem *»Kriegslied für die zum heiligen Kriege verbündeten deutschen Heere«* auf sich aufmerksam, das als achtseitiger Sonderdruck erschien. Das Lied, das nach der Melodie von Schillers Reiterlied aus dem *»Wallenstein«* gesungen werden sollte, begann mit dem bekannten *»Gott mit uns!«*, schloss nach zwölf Strophen mit *»deutscher Treue«* und ließ von den damals üblichen Phrasen selbst die Berufung auf den heidnischen Hermann, den Cherusker, nicht aus. Weniger schwungvoll, als Arndt es konnte, wird auch die Einigkeit der Deutschen besungen, und zwar so:

> *»D'rum giebt es nicht Preußen und Oestreicher mehr,*
> *Nicht Baiern, noch Sachsen, noch Hessen,*
> *Wir alle sind nur Ein deutsches Heer,*
> *Was uns trennte, wir haben's vergessen;*
> *Wir Deutsche, wir reichen uns Deutschen die Hand,*
> *Nur der Deutsche soll herrschen im deutschen Land!«*

In einem zweiten »Kriegslied«, das nach der Melodie des barocken Kirchenliedes »Mir nach, spricht Christus, unser Held« gesungen werden sollte, wird nicht nur unter dem Kreuz, sondern auch unter dem Bild der Muttergottes gefochten, was den preußischen Truppen kaum gefallen haben wird. Es ist aber unwahrscheinlich, dass diese als Flugblätter gedruckten Lieder überhaupt in die Hände der Soldaten gekommen sind.

Als der Einzug der Alliierten in Paris im Frankfurter Dom gefeiert werden sollte, wurde von Werner dafür ein (nicht erhaltenes) Tedeum gedichtet, das aber nicht aufgeführt werden konnte, weil schnell Frieden geschlossen wurde und die Schmähung des französischen Kaisers, die auch Werner diesem nachgesandt hatte, den Veranstaltern nicht mehr zeitgemäß erschien.

Während diese Kriegsdichtungen der literarischen Öffentlichkeit kaum bekannt wurden, erregte ein weiterer Sündenfall Werners erhebliches Aufsehen.

Abb. 38: Titelblatt der »Weihe der Unkraft«.

Es handelte sich dabei um eine 1814 ebenfalls in Frankfurt erschienene vierzigseitige Broschüre, die den seltsamen Titel »Die Weihe der Unkraft« trug. In diesen wie in Eile entstandenen Versen, denen umfangreiche Anmerkungen folgen, wollte der in Rom zum Katholiken gewordene Dichter die Botschaft seines Erfolgsstückes »Weihe der Kraft«, die er als falsch erkannt hatte, zurücknehmen und gleichzeitig dem patriotisch gewordenen Vaterland melden, dass er dessen Verwandlung mitzumachen gedenke, also trotz seines Religionswechsels der deutschen Sache ergeben sei.

> *»Gott grüß' Dich schön, mein deutsches erwachtes*
> *Vaterland!*
> *Zu dem von Rom der schönen mich trieb ein Liebes-*
> *brand.«*

So beginnt diese oft verspottete Selbstanklage, die freilich in dem Wust von patriotischen und religiösen Treueversicherungen fast untergeht.

Bevor er in den Jubel der Vaterlandsretter einstimmen könne, so ist den Versen und Anmerkungen, die wiederum durch Fußnoten ergänzt werden, zu entnehmen, müsse er die Schuld bekennen, die er auf sich geladen habe durch die »Weihe der Kraft«. Dort nämlich habe er das Heiligtum der Liebe durch Profanierung zu einem *»Götzenbild«* gemacht.

> *»Durch falsche Lust verlocket und durch das Spiel*
> *der Sinne,*
> *Doch wissend, dass aus Liebe der Quell der Wesen*
> *rinne,*
> *Sezt ich der kranken Wollust Bild keck auf der Liebe*
> *Thron,*
> *Und durch dies Gauckelblendwerk sprach ich der*
> *Wahrheit Hohn.«*

Um solche Verlockung für immer unmöglich zu machen, solle künftig die Bezeichnung Liebe nur der Gottesliebe gelten, die fleischliche Liebe dagegen solle man wieder Minne nennen, schlägt Werner in den Anmerkungen vor. Hauptsächlich aber wird in den schlechten Reimen hausbackener als bei Arndt und Körner zum heiligen Krieg aufgerufen, die Herrscher Preußens, Österreichs und Russlands werden gepriesen, Napoleon verteufelt und am Schluss zur »Unkraft« aufgerufen, mit er die christliche Demut meint.

> *»Nur das kann ich Euch sagen: was Ihr auch neu*
> *beginnt,*
> *Wenn Demuth es nicht bauet, Gott schlägt es in den*
> *Wind!*
> *Nicht falsche Demuth mein ich für Menschen-*
> *Macht und List;*
> *Demuth für unser Aller Gott: den Herren JESUM*
> *CHRIST!«*

In der scharfen Verurteilung dieses Werkchens waren sich die Kritiker einig, und einige äußerten die Vermutung, die Kirche habe diese Rücknahme früherer Ansichten verlangt. Varnhagen nannte den Text ein *»halb faselndes, halb trunkenes Gedicht«*, das ihm einem *»verwilderten Gehirn«* entsprungen zu sein scheint. Dorothea Schlegel, die schon vor Werner katholisch geworden war, schrieb in einem Brief vom Dezember 1813 an ihren Sohn Philipp Veit: *»Werner*

hat jetzt meine Antipathie gegen ihn vollkommen ge-
rechtfertigt, so dass Friedrich [ihr Gatte] *sogar sie gut-*
heißen muss. Er hat ein Ding drucken lassen, Weihe der
Unkraft, (der Titel ist so unsinnig wie das Werk), worin
er Buße thut und die Weihe der Kraft sozusagen wi-
derruft. ... Das ganze Ding ist ein solcher Extract von
Hochmuth, Eitelkeit und Verwirrung, dass man durch-
aus keinen Begriff davon haben kann, wenn man es nicht
selbst liest. Eigentlich ist es nur, dass er sich ganz außer
Athem läuft, um der jetzigen Mode von Deutsch und
Religion nachzukommen, damit er nicht zurückbleibt;
denn in Rom ist er, wie man nun sieht, etwas altmodig
geworden. Dabei ist es ein Gemengsel von Nibelun-
gen, Kirchenväter, Evangelium, Dante und Friedrichs
[Schlegel] *Lied eines Gefangenen − kurzum, eine*
wahre Tollhauswuth. Friedrich hat den excellenten Ge-
danken gehabt, diese Zacharias Werner's Buße mit Don
Quixotes Buße in der Sierra Morena zu vergleichen,
wie er sich selbst die Schläge auf den H−− zuzählt, um
die Pflichten eines irrenden Ritters zu erfüllen.«

Dass Werners plötzlich vorgeführter Patriotismus
die Patrioten nicht überzeugen konnte, wurde auch
1817 auf dem Wartburgfest der Studentenschaft deutlich, wo man nicht nur Kotzebues Stücke verbrannte,
sondern auch Werners »Söhne des Tals« und die
»Weihe der Kraft«.

Diese literarischen Aktivitäten Werners minderten
aber sein Streben nach der Würde eines Priesters
nicht. Dalberg, auf den Werner dabei alle Hoffnung
setzte, war nach dem Sieg der Alliierten bei Leipzig

und der Auflösung des Rheinbundes von seinem Amt als Fürstprimas entbunden worden, behielt aber sein Bischofsamt bei. Werner konnte sich also mit seinem Wunsch, Priester zu werden, an ihn wenden, und da Dalberg ihm weiterhin wohlwollte, reichte Werner sein Gesuch hoffnungsvoll beim Bischofsamt ein.

Sein beigefügter Lebenslauf schildert seine Entwicklung dem Zweck entsprechend unter religiösem Blickwinkel und schreckt vor Selbstkritik nicht zurück. Die Keime des Christlichen, die die Erziehung seiner Mutter in ihn gelegt habe, seien zwar durch *»nachherige Verwahrlosung«* und ein *»verwildertes Leben«* verschüttet worden, aber abgetötet worden seien sie nie. Bei einer *»Verwandtin«*, die er als Kind in Königsberg fast täglich besucht habe, sei er durch die Nachbarschaft einer katholischen Kirche früh mit den dort üblichen Ritualen bekannt geworden, für die er eine Vorliebe entwickelt habe, die sich später bei seinem Dienst unter katholischen Polen verstärkt habe und auch in seine Dichtungen eingeflossen sei. Durch die jungen Theologen, die ihm Privatunterricht erteilten, sei früh ein Interesse für die Theologie in ihm geweckt worden. Bei den Freimaurern, denen er sich gottvergessen angeschlossen habe, sei sein Redetalent ausgebildet worden, das ihm auf der Kanzel zugutekommen werde, wenn seinem Wunsch, Priester zu werden, Erfüllung beschieden sei. Er habe vor, die gottlos gewordene Gesellschaft wieder zu Gott hinzuführen, wobei er besonders an die vornehmen Kreise denke, in denen er sich auskenne. Die

Fundamente des nötigen theologischen Wissens habe er mit Hilfe des Professors Ostini in Rom schon gelegt.

Diesmal wurde sein Gesuch bewilligt. Am 25. Januar 1814 wurde er in das Priesterseminar in Aschaffenburg aufgenommen und erhielt im März die niederen Weihen, nach denen er sich in die *»priesterliche Haustracht«* mit dem langen schwarzen Rock kleiden durfte, wie er in einem Brief frohlockend betont. Schon ein halbes Jahr später, am 16. Juni, empfing er die Priesterweihe, was er in seinem Lebensabriss von 1822 mit seinem privaten Theologiestudium bei Professor Ostini in Rom erklärt. Er war nun zur Spendung der Sakramente befähigt und hätte auch ein Kirchenamt antreten können, was von ihm aber wohl nie beabsichtigt war. Er wollte missionarisch wirken, und zwar in der österreichischen Hauptstadt, in der die Herrscher aller europäischen Staaten nach dem Ende der napoleonischen Kriege darüber berieten, wie der Friede des Kontinents dauerhaft zu sichern sei.

20.

Als Werner am 14. August 1814 in Wien eintraf und sich im Servitenkloster in der Rossau vorläufig einmietete, waren die Gasthöfe der Stadt schon von Kongressteilnehmern und ihrem zahlreichen Gefolge überfüllt. Täglich kamen neue Gäste, und wenn Monarchen ihren Einzug hielten, wurden sie mit Kanonendonner begrüßt. Die offiziellen Beratungen der Abgesandten der 200 europäischen Staaten begannen unter der Federführung des österreichischen Staatskanzlers Metternich am 18. September und mit ihnen viele Festlichkeiten, die den falschen Eindruck erweckten, der Kongress, der in Wahrheit eine ziemlich stabile Friedensordnung zustande brachte, habe vorwiegend getanzt.

Werner, den man in Wien als Dichter kannte, war in den Salons vornehmer Häuser wohlgelitten, und einmal las er auch drei Kaiserinnen, unter ihnen Napoleons Gattin Marie Louise, aus seiner noch immer ungedruckten »Kaiserin Cunegunde« vor. Vorwiegend verkehrte er aber in einem Kreis von Katholiken, der sich für die Neugründung des 1773 aufgelösten Jesui-

Abb. 39: Zacharias Werner um 1820.
Gezeichnet von Ludwig Ferdinand Schnorr von Carolsfeld.

tenordens einsetzte und sich überhaupt als Gegenpol zur Aufklärung Kaiser Josephs II. verstand. Dieser hatte die Macht der katholischen Kirche beschnitten, Klöster, die sich nicht der Armen- oder Krankenpflege widmeten, aufgelöst und enteignet, Toleranzgebote erlassen, aber auch zur Kontrolle seiner Neuerungen eine Geheimpolizei geschaffen, die natürlich auch im Wien des Kongresses rege war. Überwacht wurden auch Werner und seine katholischen Freunde, zu denen auch Friedrich Schlegel gehörte, deren energischster Glaubensstreiter aber der Pater Klemens Maria Hofbauer war.

Hofbauer, auch Apostel von Wien genannt, der 1909 vom Papst heiliggesprochen wurde, war 1784 als erster Nichtitaliener dem im Zuge der Gegenaufklärung 1732 im italienischen Scala gegründeten Redemptoristenorden beigetreten, der sich auch Kongregation des Heiligsten Erlösers nennt. Die ersten Ordenszweige nördlich der Alpen waren von Hofbauer gegründet worden, und als ihr Generalvikar hatte er sich als energischer Streiter für die Restauration kirchlichen Einflusses einen Namen gemacht. Seine Ziele wollte er vor allem durch die Stärkung der Volksfrömmigkeit erreichen, weshalb er die Individualseelsorge förderte und auch soziale und bildende Einrichtungen schuf. Die populäre Ausrichtung seines Wirkens hinderte ihn aber nicht daran, auch gute Beziehungen zu Universitäten zu pflegen und mit Schriftstellern wie Eichendorff, Brentano und Friedrich Schlegel befreundet zu sein. Vor 1810 war er in gleicher Weise schon in Warschau tätig gewesen, wo Werner ihm als preußischer Beamter möglicherweise schon einmal begegnet war. Jetzt aber als Glaubensbruder und Mitstreiter war Werner ihm Freund und Jünger geworden, der sich von ihm in vielen Kirchen der Stadt als Prediger einsetzen ließ. Da Hofbauer die Kirche der Ursulerinnen, St. Ursula im 1. Gemeindebezirk, leitete, predigte Werner dort besonders oft. Bei Hofbauers Tod 1820 trauerte Werner um ihn in zwei langen Gesängen, in denen er ihn als seinen geistigen Vater pries.

Der Prediger Werner wurde im Jahr des Kongresses bekannter als jemals der Dichter Werner, weil er

Abb. 40: Klemens Maria Hofbauer,
genannt Apostel von Wien. Künstler unbekannt.

noch heftiger als dieser umstritten war. Seine Predigten, die teils begeistert aufgenommen, teils als Skan-
dal empfunden wurden, waren sowohl in den Gassen
als auch in den Salons und Palästen beliebter Ge-
sprächsgegenstand. Wer mitreden wollte, musste ihn
auch gehört haben, weshalb in den Kirchen, in denen
er predigte, immer großes Gedränge war. Der Dichter
aber konnte durch das Aufsehen, das der Prediger erregte, ebenfalls ein wenig gewinnen, weil die Theater
sich seiner entsannen, so dass auch sein »Attila« in
Wien auf die Bühne kam.

In der posthum erschienenen Werkausgabe Werners füllen Predigten zwar drei Bände, doch handelt
es sich bei ihnen um später (vermutlich erst 1820/21)
entstandene, die mehr in damals üblichen Tönen gehalten sind. Jene dagegen, die die Stadt während des
Kongresses erregten, sind gedruckt nicht erschienen,
vielleicht weil die Herausgeber das Skandalträchtige

an ihnen nicht bewahren wollten, vielleicht aber auch weil Werner damals, wie zeitgenössische Berichte nahelegen, weitgehend spontan gepredigt hat.

Die Menschenmengen, die zu Werners Predigten strömten, erregten natürlich das Misstrauen der Behörden, wie ein Spitzelbericht für die Polizeidirektion vom 8. Dezember 1814 zeigt: »*In der nur mäßig geräumigen Kirche der Franziskaner heute Werner zu hören, war mit Lebensgefahr verbunden; es war bey allen Zugängen von der Gasse und im Kloster ein solches Gedränge, dass nur die Hälfte von denen hineinkamen, die hinein wollten. Vicepräsident Reichmann hatte für sich und mehrere Regierungsräthe Plätze bestellt, Fürst v. Schwarzenberg und endlich Ihre k. Hoheiten die Erzherzoge mussten zum Theil wieder wegfahren, zum Theile dem unleidlichen Gedränge sich preisgeben: sehr viele andere Wagen fuhren hin und gleich wieder weg, ohne dass jemand ausstieg. Schon um 9 Uhr, als das Hochamt war, füllte sich die Kirche ganz an und immer mehr und mehr entstand Unruhe, bis endlich das laute Brüllen, nicht Schreyen, selbst die Pauken und Trompeten übertönte; mehrere Leute, besonders Frauenzimmer wurden halb ohnmächtig und riefen laut um Hilfe, um aus dem Gedränge zu kommen; noch war die Predigt nicht angefangen. Als diese anfieng, war es unbeschreiblich tumultuarisch bey den Eingängen, und in der Kirche flüchteten sich Leute bis auf die Altäre hinauf. Erst nachdem die Türe zugemacht und der Drang sich nach und nach sedirt hatte, konnte man auf den entfernten Plätzen von der Predigt etwas hören.*«

Die Wiener Romanautorin Caroline Pichler, die den *»schwärmerischen, aber gewiss achtbaren Werner«* schon bei seinem ersten Wien-Aufenthalt 1807 kennengelernt hatte, fühlte sich jetzt von seinen Predigten, die *»viel Aufsehen erregt und noch mehr Widerspruch gefunden hatten«*, angezogen, obwohl auch sie manches *»Tadelnswürdige«* in ihnen sah. *»Ergreifende Gedanken, erhabene Schilderungen, höchst poetische Anschauungen wechselten auf das Grellste mit ganz nüchternen, für den Ort gar nicht passenden Bemerkungen mit fast lächerlichen Details ab.«* So kam Werner zum Beispiel vom Kaiser Titus, der Jerusalem zerstörte, auf den Titus in Mozarts letzter Oper zu sprechen, die gerade auf der Bühne zu sehen war. *»Besonders liebte er es, die Tagesgeschichte und seine eigne Person mit einzuflechten. Er hatte aber ungeheuren Zulauf, und ich war ebenfalls unter seinen fleißigen Zuhörerinnen«*, denen kein Weg auch in abgelegene Kirchen zu weit war.

»Bei den Ursulinerinnen hörte ich ihn des heiligen Augustinus mit vieler begeisterter Wärme erwähnen und des Herzeleids, das dieser nachmals so große Mann seiner Mutter gemacht hat. Werner schilderte das mit lebhaften Farben und schien tief ergriffen. Da klopfte mir ein unbekannter, aber sehr anständig gekleideter Mann sachte auf die Schulter und sagte: Das ist seine eigne Geschichte! Und ich hörte später, dass dieser Unbekannte mir die Wahrheit gesagt hat.«

»Gar schön«, schwärmt Caroline Pichler in ihren *»Denkwürdigkeiten«* weiter, *»verglich er am Feste

Allerheiligen den Himmel mit einem herrlichen Blu-
mengarten, in welchem die Rosen der Märtyrer, von
ihrem heiligen Blut gefärbt, prangen, die Lilien der
Jungfrauen blühen, die heiligen Einsiedler wie beschei-
dene Veilchen sich verbergen und endlich die Sonnen-
blumen der Patriarchen sich sehnsüchtig der kommen-
den Heilssonne zuneigen, noch ehe sie erschienen ist.«
Dass Werner in einer Predigt bei den Jesuiten seine
eigne Bedeutung *»nicht ganz bescheiden«* mit der des
Evangelisten Johannes gleichsetzte, meinte Frau
Pichler kritisieren zu müssen, während ein anderer
Teil dieser Predigt ihren Beifall fand. Da sprach er
von Gottes Langmut, mit welcher dieser die Sünder
wieder und wieder zur bußfertigen Sinnesänderung
mahne, fragte dann, ob diese wohl nie ende, und ver-
neinte das. *»Nein! Nein! rief er endlich mit donnernder*
Stimme: es kommt ein Tag, an dem sie den Sünder ver-
lässt und ihn dem ewigen Verderben preisgibt! Hierauf
schilderte er dies mit furchtbaren Farben, erhob beide
Hände gefaltet wie im brünstigen Gebet und rief: Ich
will hoffen, ja, ich will zu Gott hoffen, dass dies noch
bei keinem der hier Anwesenden der Fall ist. − Der
plötzliche Schwung, den seine Rede bei dieser Wendung
des Ganzen nahm, die Energie, mit der er von diesem
Nein! Nein! angefangen sprach, riss alle Zuhörer un-
willkürlich mit sich fort, und ich sah Tränen in den
Augen derselben jungen Leute, die am Anfang der Pre-
digt gelacht hatten.« Die Seelen vom *»Allzumateriel-*
len« weg zur *»Idee zu erheben«*, habe Werner immer
versucht.

Ähnlich wie die Katholikin Caroline Pichler urteilte auch die Konvertitin Dorothea Schlegel, die bei aller persönlichen Abneigung gegen Werner seine Predigten doch »*vortrefflich*« fand. An ihren Gatten Friedrich schrieb sie, dass Werners Kanzelauftritte »*Furore*« machten. »*Man drängt sich hinzu, dass es eine Lust ist. Leute gehen hin, die seit Menschengedenken in keiner Kirche waren; sie schimpfen auf ihn, gehen doch aber immer wieder hin. Die vornehmen Leute essen um sechs Uhr abends, um nur die Predigt hören zu können. Er thut sehr vieles Gute, denn nicht allein seine Predigten werden besucht, sondern auch alle anderen Prediger der Stadt und der Vorstädte, und diese geben sich mehr Mühe, da sie sehen, dass die Kirchen wieder besucht werden. Auf den Abend fragen sich die eleganten Damen und Herren: Wo waren Sie in der Predigt? wie hat Ihnen der Prediger gefallen? – so wie man sonst nach dem Theater oder Concert fragt.*«

Ganz anders urteilte der kirchenferne Varnhagen, der im Gefolge des preußischen Staatskanzlers Hardenberg nach Wien gekommen war. Er war mit Werner schon 1806 in Berlin zusammengetroffen und hatte weder das Luther-Drama noch dessen Verfasser leiden können, und Werners »Attila« hatte er in einem Brief an Rahel Levin als »*unsinniges, plumpes und gemeines Buch*« bezeichnet, dessen Mystik »*abgeschmackt*« sei. Da in Wien viel über Werners Auftritte geredet wurde, drängte auch er sich in der Fastenzeit mit in die überfüllten Kirchen und erlebte Werner als strenggläubigen Katholiken, der »*die unbedingte Un-*

178

terwerfung unter den Papst« verlangt. *»Sein heftiger Eifer, mit der er die Sünder zur Bekehrung rief, sein bekannter Name und Lebenslauf, wie sein wunderliches Wesen überhaupt, das den Zuhörern mit dem geistlichen Ertrag auch reichlichst weltliche Unterhaltung versprach, zogen bald die ganze vornehme Welt zu seiner Kirche hin. Mehr noch als je zuvor im Schauspiel- und Gesellschaftswesen entfaltete er seine Fratzenhaftigkeit jetzt auf der Kanzel. ... Recht mit Lust besprach er seine eigenen, persönlichen Angelegenheiten, seine Sündhaftigkeit, seine Bekehrung und Buße, und indem er den Andern die Hölle heißmachte, schwelgte seine Eitelkeit in doppelter Selbstbespiegelung, der ehemaligen Weltlust und der jetzigen Auserwählung. Er machte reine Theaterstreiche, nicht nur ärgerliche, sondern oft geradezu unanständige. Er gefiel sich in dem Wagnis, die Zuhörer durch zweideutige Ausdrücke aufzuregen, in Unruhe, Scham und Angst zu versetzen, ja dies bis zum Gipfel des Schreckens zu steigern, wo man ungewiss wurde, ob nicht Wahnsinn die Kanzel entweihen werde – und dann plötzlich ließ er von dieser Spitze seinen Vortrag in das gewöhnliche Geleis hinabstürzen, wo sich alles in zulässiger Weise ruhig verlief.«*

Einmal, so kann man weiter in Varnhagens »Denkwürdigkeiten« lesen, redete Werner vom *»allersündlichsten und ärgerlichsten Teile des menschlichen Körpers«,* erörterte dessen Eigenheiten und Unarten, um dann *»in unerhörter Dreistigkeit«* zu fragen, *»ob er ihn nennen oder gar zeigen solle? – wobei unter den Zuhörern eine Mutter ihren beiden Töchter angstvoll zuflüs-*

terte: *Seht nicht hin! Seht nicht hin!*« – Er aber rief aus: »*Die Zunge ist es!*«

Solchen Spott trieb Werner häufig mit den Zuhörern, meint Varnhagen abschließend. »*Freilich kannte er seine Leute!*« Die vornehme Welt sei entzückt darüber gewesen, das Heilige mit solchem »*Sinnenkitzel*« verquickt zu sehen.

Aus anderen Gründen als Varnhagen war die Gräfin Elise von Bernstorff, die als Frau des preußischen Außenministers zu den Gästen des Kongresses gehörte, über den Prediger Werner empört. Sie nennt ihn »*einen Zeloten* [Eiferer], *der mit sehr gemeinen und übertriebenen Gestikulationen oft ganz triviale, oft aber auch sehr erhabene Dinge sagte, so dass ich ihn den Jean Paul der Kanzel nennen möchte. Bald saß, bald stand, bald kniete er, und häufig wurde sein Vortrag von Thränen gehemmt.*« Nach ihrer Erinnerung waren seine donnernden Schmähungen besonders gegen die »*Frivolität des Kongresses*« und den »*Leichtsinn der Wiener Damen*« gerichtet, deren Köchinnen mehr Achtung verdienten als sie. Skandalös war für sie, dass er öffentlich seine Sünden beichtete, Kritik an der »*Pferdeliebhaberei*« des Adels übte und eine seiner Predigten mit den Worten schloss: »*Ihr glaubt wohl, dass die Könige und Herren den Frieden geschlossen haben? Dummheiten! Amen.*«

Auch Karl von Nostitz, ebenjener, der 1806 als Leutnant im Regiment Gendarmes die gegen Werners Luther-Drama gerichtete Schlittenfahrt im Sommer organisiert hatte, war über Werners Auftreten in

Wien empört. Er war inzwischen Offizier der russischen Armee geworden, hatte als solcher am Kongress teilgenommen und diesen, wie Varnhagen meinte, insgesamt zynisch kommentiert. In seinem Tagebuch heißt es über den Prediger Werner: *»Er tobt wie ein Narr, spricht populär wie Fiaker und freut sich, einen Ort gefunden zu haben, wo ihm Niemand widersprechen darf.«* Er sei ein *»Schwärmer«*, der es wohl redlich meine, auch still wie ein guter Pfaffe lebe, zum Narren habe ihn *»eine unglückliche Liebe«* gemacht.

Die schwierigen Verhandlungen des Kongresses, die durch Napoleons hunderttägige Wiederkehr unterbrochen worden waren, gingen erst im Spätsommer 1815 zu Ende, Werner aber blieb in Wien. Nach dem Tode seines Förderers Iffland im Jahre 1814 kam eine Rückkehr nach Berlin, die er manchmal erwogen hatte, nicht mehr in Frage, und Goethes wegen schloss sich auch Weimar als Alterssitz aus. Im katholischen Wien dagegen, wo er seinem Bekehrungseifer von der Kanzel aus frönen konnte, schien die Pilgerreise des bald Fünfzigjährigen ein Ende finden zu wollen, aber ganz ohne Ortswechsel kam er auch hier nicht aus. Eine Rückkehr in seine Heimat im Norden erwog er nie.

21

Als eine Rückkehr in die Vergangenheit könnte man Werners einjährige Reise bezeichnen, die ihn 1816 zwar nicht zurück in die Heimat führte, aber doch zurück zu den katholischen Polen, mit denen er sich immer verbunden gefühlt hatte und deren Sprache er mehr oder weniger gut mächtig war. Ziel der als privat deklarierten Reise, die wohl in Wahrheit kirchlichen Zwecken diente, war Podolien, das seit der dritten polnischen Teilung von St. Petersburg aus regiert wurde, wo man katholische Aktivitäten der Polen, die häufig auch nationale Ziele verfolgten, mit Misstrauen sah. Die Decknamen, die Werner im Briefwechsel mit den polnischen Freunden teilweise benutzte, waren vielleicht der politischen Vorsicht geschuldet, vielleicht aber dienten sie nur der Diskretion.

Die Einladung zu dieser Reise war von einem Grafen Nicolaus Grocholski gekommen, der sich in seiner Heimat um die Stärkung des Katholizismus bemühte und deshalb zur Zeit des Kongresses mit Hofbauer und dessen Jünger Werner bekannt geworden war. Er hatte mit ihnen eine mögliche Ansiedlung des Redemptoristenordens in Podolien erörtert und wahrscheinlich auch schon Werners Reise nach Janow besprochen, wo dann der Schwiegervater Grocholskis, Graf Raphael Choloniewski, ein überaus freundlicher Gastgeber war. Werner, den die fromme Familie als Vertreter der Kirche hoch verehrte, wurde dem verwitweten Grafen bald Freund und geistlicher Berater, und dessen jüngste Tochter Cäcilie, die noch beim Vater lebte, wurde seine letzte Liebe, die jedoch platonisch blieb. Vermutlich war er es, der der Liebe entsagte und Cäcilie veranlasste, den Schleier zu wählen, also ins Kloster zu gehen.

Dieser Entschluss war Werner nicht leichtgefallen, wie sich aus seinen Briefen an Grocholski und Gattin trotz der darin benutzten Decknamen ablesen lässt. Der liebeskranke Werner wird in ihnen als Casimir bezeichnet, Cäcilie wird unter dem männlichen Namen Alexis verborgen, und die allem Sinnlichen entsagende Liebe der beiden wird von Casimir als *»verklärt«* bezeichnet und mit der zu seiner seligen Mutter gleichgesetzt. Casimir habe in Janow, so heißt es am Ende, *»seine lezzten menschlichen Wonnen genossen«*, habe nach der Trennung viel leiden müssen, könne aber die Trauer über diesen *»irdischen Verlust«* ertragen, da er wisse, dass er *»dort oben«* mit der Geliebten wieder vereint sein wird. Seinen Tod wünsche er sich deshalb, statt ihn zu fürchten, manchmal herbei.

Da die russische Regierung sich weigerte, die Redemptoristen ins Land zu lassen, blieb Werners kirchlicher Auftrag ohne Ergebnis, für ihn persönlich aber war sein einjähriger Aufenthalt in Podolien auch in anderer Hinsicht ein Gewinn. Durch Fürsprache seiner Gastgeber wurde er nämlich für seine Verdienste um die Kirche in der Hauptstadt Podoliens, Kamieniec (ukrainisch: Kamjanez) ehrenhalber zum Domherren ernannt.

Um diese Ehrung auch in Deutschland bekannt zu machen, ließ Werner sich in einem Brief an einen Weimarer Minister in einer Weise vernehmen, die den oft umständlichen Stil seiner Prosa trefflich charakterisiert: *»Diese Auszeichnung (wiewohl mit derselben nicht die allergeringste Einnahme, auch ganz und gar keine Expektanz auf irgend einige künftige Einkünfte verbunden ist) ist mir doch deshalb erfreulich, weil sie meinen verehrten teutschen Landsleuten beweist, dass ich ihnen in meinem nun beynahe jährigen Aufenthalt im russischen Pohlen so wenig Schande gemacht habe, dass mir sogar das zutrauende Wohlwollen einer fremden und, wenn gleich nur zu offt gemissbrauchten, doch immer edlen und großmüthigen Nation zu Theil ward, und weil durch dieses von mir ganz ungesuchte und unvermuthete öffentliche Belobungs-Dekret (wenn ich es so nennen darff) eine Pfütze der wässerigtsten Verleumdungen, welche die unerschöpflich erfinderischen Gegner meines und jeglichen ehrlichen Strebens auch über meinen sich jetzt endigenden einjährigen Aufenthalt in Pohlen minder erdichten als erlügen könnte, in der Quelle verstopft wird.«*

Diese kirchliche Ehrung, die das große Domherrenkreuz, das er nun auf der Brust tragen durfte, jedermann sichtbar machte, hatte ihm den literarischen Ruhm zu ersetzen, mit dem es nun unaufhaltsam zu Ende ging. Bei dem Versuch, seine Dichtung der Religion dienstbar zu machen, war sie auf der Strecke geblieben, und da auch das Originelle, das seine Predigten zur Zeit des Kongresses ausgezeichnet hatte, im kirchlichen Alltag der kommenden Wiener Jahre verlorenging, war es auch bald mit seinem Ruhm als Kanzelredner vorbei. Seine späteren Predigten, die sich mit der Einübung von Kirchengeboten in eingefahrenen Geleisen bewegten, lockten keine Menschenmassen mehr an.

Auch ohne ein besoldetes Kirchenamt ausüben zu müssen, hätte er sich jetzt zur Ruhe setzen können, denn wohnen konnte er bei den Augustinern oder den Redemptoristen, und die Pension, die ihm einst Dalberg bewilligt hatte, ihm nach Verlust aller weltlichen Macht aber nicht mehr zahlen konnte, wurde ihm nun vom Weimarer Herzog weitergezahlt. Auch mit der Dichtung konnte er noch ein wenig verdienen. Während Wiener Verleger schon seine Gesammelten Werke planten, konnte sich Brockhaus in Leipzig 1815 auch endlich zum Druck des »Vierundzwanzigsten Februar« und der »Cunegunde« entschließen, doch kam Letztere ohne die schon in Rom entstandenen Illustrationen der Brüder Riepenhausen heraus. Die nach deren Zeichnungen entstandenen Stiche hatten nämlich schon 1813, von Erklärungen Werners begleitet, Cottas »Taschenbuch für Damen« geziert.

Gedichte, die bisher in jeder Lebensetappe Werners entstanden waren, kamen jetzt nur noch vereinzelt zustande, aber sein Ehrgeiz, für die Bühne zu dichten, flackerte trotz aller Misserfolge 1816 noch einmal auf. Sein letztes Drama, »Die Mutter der Makkabäer« betitelt, wurde 1818 fertig und erschien 1820 bei seinem Wiener Verleger Wallishausser, dem auch eine erste Ausgabe Ausgewählter Werke zu verdanken ist.

Dem Stück liegt eine Märtyrer-Legende aus dem 7. Kapitel des 2. Buches der »Makkabäer« zugrunde, das von der katholischen Kirche, nicht aber von Juden und Protestanten, als zum Alten Testament gehörig angesehen wird. Werners Stück, dem sowohl dramatische Momente als auch psychologische Glaubwürdigkeit fehlen, ist eine grässliche Folter-Tragödie, in der die Mutter und ihre sieben Söhne ihres Glaubens wegen freudig die breit ausgemalten Martern ertragen, um dann nicht weniger freudig in den Tod zu gehen. Die wenigen Kritiker, die das Erscheinen des Stückes zur Kenntnis nahmen, waren sich in seiner Verurteilung einig und kreideten dem Autor vor allem Geschmacklosigkeit an. Und tatsächlich zeigt sich Werners Glaubenseifer hier von der schlechtesten Seite, die ausführlichen Folterszenen muten sadistisch an. Die lange Erklärung in schlechter Prosa, die Werner der Druckfassung voranstellte, versucht Anfeindungen mit Trotz zu begegnen, zeigt unausgesprochen aber Verzweiflung über sein Scheitern als Dichter an.

Die in Werners letzten Lebensjahren entstandenen religiösen Dichtungen, wie die »Geistlichen Übungen für drei Tage«, die den Exerzitien der Jesuiten nachempfunden waren, oder die von Raffaels Fresken im Vatikan veranlassten religiösen Betrachtungen, fanden außerhalb der Kirche kaum Beachtung, so wie auch Werner offensichtlich das Interesse an der Literatur seiner Zeitgenossen verlor. Abgesehen von einer sich vermutlich auf den jungen Grillparzer beziehenden positiven Bemerkung im Vorwort zu der »Mutter der Makkabäer« und einem erneuten Bekenntnis zu Goethe in seinem Lebensabriss von 1822, weist keine seiner Äußerungen auf weitere weltliche Lektüre hin. Er lebte ganz für die Kirche, und auch eine Lungenkrankheit, die sein schnelles Altern förderte, hielt ihn vom Predigen nicht ab.

Zu Menschen seiner Vergangenheit hatte er alle Beziehungen abgebrochen, und als sich der alte Berliner Freund Hitzig 1817 nach langem Schweigen wieder brieflich bei ihm gemeldet hatte, war Werners Antwort so aggressiv und selbstgefällig ausgefallen, dass der Briefwechsel damit wieder zu Ende war. Hitzigs Klage über den Tod seiner geliebten Frau, der ihm die alleinige Sorge für fünf unmündige Kinder aufgebürdet hatte, war von Werner nämlich mit der Forderung nach einem Glaubenswechsel beantwortet worden. *»Schämst Du Dich denn nicht, Protestant zu sein?«*, hatte er geschrieben und von Hitzig die katholische Taufe seiner Kinder verlangt. Hitzig, der sich nach eignen Worten *»dem Protestantismus von ganzer*

Abb. 41: Julius Eduard Hitzig. Zeichnung von Franz Krüger.

Seele ergeben« fühlte, hatte verständlicherweise darauf nicht reagiert. Fünf Jahre später aber, zur Weihnachtszeit 1822, überraschte ihn ein Brief Werners, den er als *»Abschiedsgruß«* auffasste und *»höchst merkwürdig«* fand.

Dieser leider nur fragmentarisch auf uns gekommene Brief Werners, der fünf Wochen vor seinem Tode geschrieben wurde, ist der letzte, der von ihm erhalten geblieben ist. Von der aufdringlichen Bekehrungssucht des übereifrigen Konvertiten ist in diesem Brief keine Spur mehr zu finden, es wird nicht mehr gefordert, sondern geklagt. Nie sei er, schreibt Werner, wie ihm vorgeworfen werde, ein *»pfäffischer Pfaffe«* gewesen, eher ein *»nur zu menschlicher Mensch«.* Immer sei es ihm um die *»Sache der Menschlichkeit«* gegangen, und deshalb habe er die »*Hauptfeinde*« der Menschen, den Unglauben und den Aberglauben nämlich, bekämpft. Jetzt aber sei er krank, müde und einsam, sehe die Welt aber klarer als zuvor. Er habe beabsichtigt, dem Redemptoristenorden beizutreten, habe sich schon unter feierlichen Zeremonien das »*Ordenshabit*« anlegen lassen, sei also bereit gewesen, das »*Novitiat anzutreten*« – da sei ihm plötzlich »*sonnenklar*« geworden, dass das Christentum doch die Krönung alles »*menschlich Schönen, Wahren und Guten*« sein müsse, kein Orden sich also vom Menschlichen abkehren dürfe. Das Ordenskleid habe er wieder abgelegt, sei aus dem Orden ausgeschieden und gelte nun seinen Bekannten als »*wetterwendischer Narr*«.

22.

Werners letztes Schreiben an Hitzig, das in der zweibändigen Sammlung der Briefe wie ein wohlgesetzter Schlusspunkt anmutet, ist als Abschluss der Lebensbeschreibung des Dichters aber leider ungeeignet, weil sein Wahrheitsgehalt fragwürdig ist. Gemeint war diese letzte Nachricht an den Freund aus jüngeren Jahren als Aufforderung zur Versöhnung. Die beleidigende Schroffheit, mit der er auf Hitzigs Protestantismus reagiert hatte, wollte er zurücknehmen, und deshalb kam er Hitzigs humanistischem Denken stärker entgegen, als es seinen Ansichten und den Tatsachen entsprach. In seinem Testament, dessen Bestimmungen er noch in den letzten Lebenstagen bestätigte, ist zum Beispiel vom angeblichen Austritt aus dem Redemptoristenorden nicht die Rede. Dort bezeichnete er sich ausdrücklich als Mitglied des Ordens und setzte diesen als seinen Haupterben ein.

Mit Krankheiten, als deren Ursache eine Vereiterung der Lunge diagnostiziert wurde, hatte Werner schon seit dem Spätherbst 1821 zu kämpfen, doch stellten Kuraufenthalte im Gebirge seine Tatkraft scheinbar wieder her. Trotz der sich verstärkenden Beschwerden erfüllte er im Beichtstuhl und auf der Kanzel mit gewohntem Eifer seine Aufgaben, bis ihn nach einer Predigt am 5. Januar 1823 die Kräfte verließen und er das Lager aufsuchen musste, das er dann nicht mehr verließ. Er betete viel oder ließ sich vorbeten, blieb auch bei zunehmender Entkräftung geistig rege und ließ in der Hoffnung auf Erlösung im Jenseits nie nach. Am 12. Januar verlangte er nach den Sterbesakramenten, und am frühen Morgen des 17. verstarb er so friedlich, dass der am Bett wachende Diener sein Sterben für ein ruhiges Einschlafen hielt.

Um den aufgebahrten Toten drängten sich, wie Dorothea Schlegel berichtet, *»mehrere Tausende«*, die

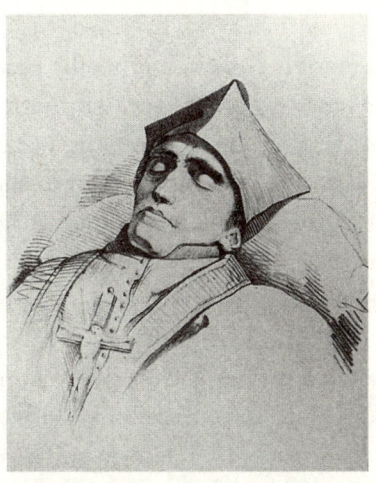

Abb. 42: Werner auf dem Totenbett.
Lithographie von Carl von Saar.

191

von ihm Abschied nahmen und dabei feststellen konnten, dass er nie im Leben »*so heiter, ganz zufrieden, ja so schön ausgesehen*« habe als im Tod. Man habe den Eindruck gewinnen können: »*Endlich sey ihm wohl!*«

Dass seine Haupterben, die Redemptoristen, um die sorgfältige Erfüllung seines Letzten Willens bemüht waren, zeigt eine von ihnen herausgegebene Broschüre über seine letzten Lebenstage, die auch den Wortlaut seines Testaments mit allen Zusätzen und Bestätigungen wiedergibt. Die von ihm gewünschte Inschrift seines Grabsteins sollte ihn als »*Priester aus der Versammlung zum allerheiligsten Erlöser*« und als »*armen Sünder*«, dem Gott gnädig sein möge, ausweisen, nicht aber als Dichter, an den zu erinnern ihm das Symbol einer »*zerbrochenen Leyer*« sinnvoll schien.

Der Tote, der als Geistlicher höchst bescheiden gelebt und als Autor nicht viel verdient hatte, hinterließ ein überraschend großes Vermögen, bei dem es sich vermutlich um das vom Vater ererbte handelte, das gut angelegt und kaum angerührt worden war. Die Gelder, teilweise wohl in Form von Schuldscheinen, kamen nun nicht nur dem Orden und den Wiener Kirchen zugute, die Seelenmessen für ihn lesen sollten, sondern auch den Armen und Kranken sowie anderen Personen, die ihm nahegestanden hatten. Mit 7200 Preußischen Thalern sollte die »*Hochwohlgeborene Frau Staatsrätin K.*[unth], *gebürtig in W.*[arschau]«, bedacht werden, mit einigen hundert

Abb. 43: Werners Grab in Maria Enzersdorf.

Gulden jene Luise, die er in seiner zweiten Ehe unglücklich gemacht hatte, aber auch für treue Diener und Patenkinder wurden kleinere Summen bestimmt. Ein Ölgemälde seiner seligen Mutter sollte
ihm mit ins Grab gegeben werden, sein literarischer
Nachlass dagegen fand im Hauptteil des Testaments

keine Erwähnung, nur im Nachtrag wurde seiner mit folgendem Satz gedacht: »*Ich wünsche und verordne, dass er* [der Testamentsvollstrecker] *alle meine Correspondenzen, Aufsätze und übrige Schriften in seine Verwahrung nehme, hievon alles, was zur Bekanntwerdung nicht geeignet ist, verbrenne und das Übrige meinen Erben aushändige.*«

Am 19. Januar, einem Sonntag, wurde die in der Hofkirche St. Augustin aufgebahrte Leiche unter »*Theilnahme eines zahlreichen und ansehnlichen Publikums*« feierlich eingesegnet und am folgenden Tage an der Seite seines geistlichen Beraters und Freundes Pater Hofbauer auf dem sogenannten Romantikerfriedhof in Maria Enzersdorf, damals En-

Abb. 44: Die Grabinschrift.

zersdorf am Gebirge genannt, zur Erde bestattet und damit eine weitere Testamentsbestimmung erfüllt.

Die literarische Öffentlichkeit nahm seinen Tod mit nur geringem Interesse zur Kenntnis. Der junge Franz Grillparzer, der sich schon erfolgreicher als Werner auf deutschen Bühnen behauptet hatte, widmete ihm einen Nachruf, der ihn mit *»O armer Sohn des Thals«* anredet, ihn seiner Ruhelosigkeit wegen bedauert und sein literarisches Scheitern, darin Goethe ähnlich, als *»unglückselige Frucht der Selbstbeschauung«* betrachtet, wie auch der Katholik Eichendorff bei aller Sympathie für Werners religiöse Entwicklung in seiner Dichtung eine zu starke Selbstbezogenheit sieht. Seinem Seelenheil zuliebe verlor er die Welt aus dem Blick.

ANHANG

ZITATENNACHWEIS

1.

Theures, einziges, ewigge- liebtes	Werner: Briefe, Bd. 1, S. 1 f.
Glaube dem, was ich Dir	wie zuvor, Bd. 1, S. 3
Lieber bester Werner	wie zuvor, Bd. 2, S. 390
zigeunermäßig und unter Lebensgefahr	wie zuvor, Bd. 1, S. 247
das Mensch	wie zuvor, Bd. 2, S. 400
kaufte ich ein Gütchen von	wie zuvor, Bd. 1, S. 246 f.

2.

hochbegabte … mit Geist und Phantasie	Hoffmann, Bd. 8, S. 127
heilige Kunstseele	Werner: Briefe, Bd. 1, S. 246
auf Seel und Cörper zugleich	wie zuvor, Bd. 2, S. 357
An den Prediger Nohr in Thorn	Werner: Werke, Bd. 1, S. 3 f.
Als ich dich in Rosenschöne	wie zuvor, Bd. 1, S. 28 f.

als Abfindung ein kleines Capital	Werner: Briefe, Bd. 1, S. 248
den Urstoff jeder Erdenfreude	Werner: Werke, Bd. 1, S. 57
Gottes vom Mississippistrande	wie zuvor, Bd. 1, S. 67

Die Priester und Priesterinnen	Werner: Briefe, Bd. 1, S. 24
Zirkel froher Polen	wie zuvor, Bd. 1, S. 248 f.
die Ideen ihrer alten Herr-lichkeit	wie zuvor, Bd. 1, S. 24 ff.
niedliches sehr gut erzogenes	wie zuvor, Bd. 1, S. 37
Sandwüste	wie zuvor, Bd. 1, S. 32
Mysterium der Natur	Dorsch, S. 98–101
Brüder was wir hier auf Erden	Werner: Werke, Bd. 1, S. 88
Verdammet nicht, so werdet	Hitzig: Lebens-Abriss, S. 161

seligen Tage	Hitzig: Lebens-Abriss, S. 11 f.
Die deutsche Herrschaft	Hitzig: E. T. A. Hoffmann, S. 195 f.
selbstsüchtig, eigennützig und perfid	Hoffmann: Werke, Bd. 1, S. 167
Größten und Stärksten	wie zuvor, Bd. 8, S. 118
Brustbild in Lebensgröße	wie zuvor, Bd. 8, S. 131

aus Tollheit, aus Ekel	Werner: Briefe, Bd. 1, S. 250
Es war eine jämmerliche Ehe	wie zuvor, Bd. 1, S. 250 f.
recht gut	wie zuvor, Bd. 1, S. 67

edle, fast griechische schlanke Figur	wie zuvor, Bd. 1, S. 251 f.
ins Idealische heraufstimmen	wie zuvor, Bd. 1, S. 252 f.
Faulenzer-Posten	wie zuvor, Bd. 1, S. 265

7.

Die Russen ziehen sich	Werner: Briefe, Bd. 1, S. 434
Officianten	wie zuvor, Bd. 1, S. 445
Wir sind der Wuth des Pöbels	wie zuvor, Bd. 1, S. 449
Morgen früh reise ich	wie zuvor, Bd. 1, S. 450
Honny soit qui mal y pense	wie zuvor, Bd. 1, S. 469
Menses	wie zuvor, Bd. 1, S. 472
das Herz aus dem Leibe gerissen	wie zuvor, Bd. 1, S. 473
Werner, du hast mir bey Einge-hung	wie zuvor, Bd. 1, S. 461 f.
ihr natürlichen ruhigen Kraft	wie zuvor, Bd. 1, S. 462
ein nicht unbeträchtliches Ver-mögen	wie zuvor, Bd. 1, S. 462 f.
Verdammen Sie mein armes	wie zuvor, Bd. 1, S. 464 f.

8.

Warum haben wir noch nicht einen Nahmen	Werner: Briefe, Bd. 1, S. 44
Auch bei den Templern war sie	Werner: Söhne, S. II—IV
Gesungen hab' ich euch	wie zuvor, S. 411
und meine gewesene Frau	Werner: Briefe, Bd. 2, S. 37 f.
Bruder küssen	Werner: Werke, Bd. 7, S. 104
Sarmatiens Geschicke auf ewig	wie zuvor, Bd. 7, S. 96
Glutkuss	wie zuvor, Bd. 7, S. 179
Schwester	wie zuvor, Bd. 7, S. 181
Ersatz für den schmerzlichen Verlust	Werner: Briefe, Bd. 1, S. 396

Das Resultat aller dieser Iffländischen	wie zuvor, Bd. 1, S. 398
so treu dargestellte Schilderung	wie zuvor, Bd. 1, S. 327
wenig Geschmack abgewinnen	Varnhagen: Denkwürdigkeiten, Bd. 1, S. 334

9.

Patriotismus wie Schnupfen	Werner: Briefe, Bd. 1, S. 470
er kenne die Reden über die Religion	Rahel Varnhagen: Werke, Bd. IV/1, S. 283
widrig … verrückte Ideen	Rogge, Bd. 2, S. 193
Nur wer die Trennung kennt	Werner:Werke, Bd. 1, S. 135 f.
das unschäzzbare Glück	Werner: Briefe, Bd. 2, S. 52
Ich bin fürchterlich einsam im Gewühl	wie zuvor, Bd. 2, S. 80

10.

ächt romantischen Scenen	Eichendorff: Tagebücher, S. 256
viel geleistet, nichts verdorben	Rahel Varnhagen: Werke, Bd. 1, S. 292
groben protestantischen Helden	Varnhagen: Denkwürdigkeiten, Bd. 1, S. 372
widrig religieus	Goethe: Briefwechsel, Bd. 1, S. 132
und die Kasse wahrscheinlich	wie zuvor, Bd. 1, S. 134
Triumph des Anti-Poetischen	Werner: Briefe, Bd. 2, S. 432
Hier stehe ich, Gott helfe mir	Werner: Martin Luther, S. 231
die Ergötzung des schaulustigen Publikums	Goethe: Briefwechsel, Bd. 1, S. 138
Ich ließ einen Schlitten	Nostitz, S. 75

11.

hauptsächlich aus nicht deutsch verstehenden	Werner: Briefe, Bd. 2, S. 116
mistische Possen	wie zuvor, Bd. 2, S. 434
Was peitschet, tolles Holz	Werner: Werke, Bd. 1, S. 137
Weiber, Kirchen und Schauspiele	Werner: Briefe, Bd. 2, S. 75
Ess-und Caffeehäusern	wie zuvor, Bd. 2, S. 77
unendliche Menge der schönsten	wie zuvor, Bd. 2, S. 78
laufe den Weibern nach	wie zuvor, Bd. 2, S. 80
Geistesrichtung … exaltiert	Pichler, S. 182 f.
Geißel Gottes	Werner: Werke, Bd. 8, S. 5
Das Stück schließt mit einem Halleluja	de Staël, S. 396
gewiss bedeutend, aber es ist doch	Körner, Bd. 2, S. 104
weißgewaschen im Blute	Werner: Werke, Bd. 1, S. 146
väterlich	Werner: Briefe, Bd. 2, S. 111

12.

Unverständlich … eitel	Grumach, S. 397
Halt's Maul, Junge!	wie zuvor, S. 388
schönem Talent	wie zuvor, S. 393
Anfang December kam Werner	wie zuvor, S. 393 f.
Alles, was erschaffen ward	Werner: Werke, Bd. 7, S. 245
Sich einer gewissen realistischen Ansicht	Grumach, S. 443
Einige fromme Damen	Düntzer, S. 120 f.
Pilgers Abschiedslied	Werner: Werke, Bd. 1, S. 157

acht Meilen von Berlin	Werner: Briefe, Bd. 2, S. 126
naiv possierlich	Humboldt: Briefe, Bd. 3, S. 82
Rosenlaube	Werner: Werke, Bd. 1, S. 162
Fremdling auf dieser Erde	Chésy, Bd. 1, S. 333 ff.
dann ist, unter Gottes Beistand	Werner: Briefe, Bd. 2, S. 156
Die wilde Gier, mich pilgernd zu betäuben	Werner: Werke, Bd. 1, S. 190
Gehetzt, der alten Sünden treu	wie zuvor, Bd. 2, S. 84
gewisse Lüsternheit	Grumach, S. 394
hübsche Töchter	Werner: Tagebücher, Bd. 1, S. 5
coquette Bauernmädchen	wie zuvor, Bd. 1, S. 10
hübsche Dienstmädchen	wie zuvor, Bd. 1, S. 12
dicke Wirtstöchter	wie zuvor, Bd. 1, S. 6
schlankes feueräugiges Mädchen	wie zuvor, Bd. 1, S. 14
eine niedliche Brünette mit	wie zuvor, Bd. 1, S. 17
eine hässliche Trompetertochter	wie zuvor, Bd. 1, S. 46
dumme, klotzige Blondine	wie zuvor, Bd. 1, S. 48
fleischigte, prächtige Hure	wie zuvor, Bd. 1, S. 52
Sturmattake auf eine kaum	wie zuvor, Bd. 1, S. 44
Mädchenprügelei	wie zuvor, Bd. 1, S. 4 ff.
göttlichen Dingen	Floeck: Unbekannte Briefe, S. 341
kälter, gegen Christum aber	wie zuvor, S. 343
Paradies der Liebe auf	wie zuvor, Bd. 1, S. 46
ächt altdeutsche Dichtung	Werner: Briefe, Bd. 2, S. 156
Wenn dieser große Bekehrer Ihnen	de Pange, S. 181

abscheulich …	Grumach, S. 619 f.
mystisches Wesen	Humboldt, Bd. 3, S. 60 f.
so dass er von dieser Seite auch	Fröschle, S. 318
Rührender Abschied von ihm	Werner: Tagebücher, Bd. 1, S. 44

vergebliche Sturmattake auf eine	Werner: Tagebücher, Bd. 1, S. 44
System über Religion und Liebe	wie zuvor, Bd. 1, S. 45
dumme, klotzige Blondine	wie zuvor, Bd. 1, S. 48
schlechtes Geschmacksbarometer	wie zuvor, Bd. 1, S. 49
zwei auffallend schöne Wirthstöchter	wie zuvor, Bd. 1, S. 50
kleinen Galgengasse	wie zuvor, Bd. 1, S. 52
Madame Emmert	wie zuvor, Bd. 1, S. 53
Hier sitz ich, hier, im alten Cölln	Werner: Werke, Bd. 1, S. 162
Die wilde Gier, mich pilgernd zu betäuben	wie zuvor, Bd. 1, S. 190 f.
schöne, andächtige Geist des Cölner Volkes	Werner: Tagebücher, Bd. 1, S. 63
die sich vergöttlichende irdische Liebe	wie zuvor, Bd. 1, S. 62
göttlich reinen und schuldlosen	wie zuvor, Bd. 1, S. 64
freudiges Grauen	Floeck: Unbekannte Briefe, S. 349
Mädchenprügelei	wie zuvor, Bd. 1, S. 65

Seitdem Schiller tot ist und Goethe	de Staël, S. 386
geborene Meisterin mit Seelengröße	Werner: Briefe, Bd. 2, S. 153
beiden berühmten Dichter	de Staël, S. 429
Privattheater der Frau von St.	Werner: Briefe, Bd. 2, S. 212
Es zieht mich eine unüberwindliche Sehnsucht	wie zuvor, Bd. 2, S. 214
Halte mich nicht für hart	Floeck: Unbekannte Briefe, S. 352

Wenn der Bock schreit	Werner: Tagebücher, Bd. 1, S. 101
ziemlich artig	wie zuvor, Bd. 1, S. 110
Wie hast du, Liebe, mütterlich	Werner: Werke, Bd. 1, S. 200
niederträchtig	Werner: Tagebücher, Bd. 1, S. 123
unten im Thale	wie zuvor, Bd. 1, S. 126
unendliche Wonne	wie zuvor, Bd. 1, S. 127
Tempel aller Tempel	wie zuvor, Bd. 1, S. 130
von süßer Andacht und bitterer Wehmuth	wie zuvor, Bd. 1, S. 131
Genug, ich ging getröstet fort	Werner: Werke, Bd. 2, S. 84
süßen Genuss	Werner: Tagebücher, Bd. 1, S. 138
Rosa, ein passables Mädchen	wie zuvor, Bd. 1, S. 140

kleine, etwas verwachsene	Werner: Tagebücher, Bd. 1, S. 137
etwas auffallend Hässliches im Äußeren	Humboldt, Bd. 3, S. 295
dass man ordentlich davor erschrickt	wie zuvor, S. 466
Da ließ der Herr den Blitz erglühn	Werner: Werke, Bd. 2. S. 85 f.
Theure in Xsto geliebte	Floeck: Unbekannte Briefe, S. 353
Caffé Nuovo	Werner: Tagebücher, Bd. 1, S. 137
Ihre Hoffnung, dass ich Schiller	Floeck: Unbekannte Briefe, S. 348
zufriedener und glücklicher	Werner: Briefe, Bd. 2, S. 226
Herr Werner, ein abstruser Dichter	Goethe: Sämtl. Gedichte, Bd. 4, S. 100

Unruhe	Werner: Werke, Bd. 2, S. 83
Gott mit uns!	wie zuvor, Bd. 2, S. 88–91
Gott grüß' Dich schön, mein deutsches	Werner: Unkraft, S. 2
Götzenbild	wie zuvor, S. 5
Nur das kann ich Euch sagen	wie zuvor, S. 22
halb faselndes, halb trunkenes	Varnhagen: Werke, Bd. 2, S. 658
Werner hat jetzt meine Antipathie	Wieneke, S. 451 f.
Nachherige Verwahrlosung	Werner: Briefe, Bd. 2, S. 253
priesterliche Haustracht	wie zuvor, Bd. 2, S. 269

In der nur sehr mäßig geräumigen Kirche	Kozielek: Prediger, S. 101
schwärmerischen, aber gewiss achtbaren	Pichler, S. 292 f.
Gar schön verglich er	wie zuvor, S. 294
Allzumateriellen	wie zuvor, S. 296
vortrefflich	Wieneke, S. 467
Furore	wie zuvor, S. 471
unsinniges, plumpes und gemeines Buch	Varnhagen, Rahel, Bd. 4, S. 229
die unbedingte Unterwerfung unter	Varnhagen: Werke, Bd. 2, S. 658 f.
einen Zeloten, der mit sehr gemeinen	Bernstorff, Bd. 1, S. 180 f.

verklärt	Werner: Briefe, Bd. 2, S. 316
Diese Auszeichnung	wie zuvor, Bd. 2, S. 290
Schämst Du Dich denn nicht	wie zuvor, Bd. 2, S. 303
dem Protestantismus aus ganzer Seele	Hitzig: Lebensabriss, S. 98
pfäffischer Pfaffe	Werner: Briefe, Bd. 2, S. 351
Ordenshabit	wie zuvor, Bd. 2, S. 352

mehrere Tausend	Körner, Bd. 2, S. 410 f.
Priester aus der Versammlung zum	Friedrich L. Z. Werners letzte Lebenstage, S. 9
Hochwohlgeborene Frau Staatsrätin K.	wie zuvor, S. 10

Ich wünsche und verordne, dass	wie zuvor, S. 21
Theilnahme eines zahlreichen und	wie zuvor, S. 7
O armer Sohn des Thals	Grillparzer, S. 10

Abbildungsnachweis

Bibliographie

Anderson, Eduard: Ein Beitrag zur Jugendgeschichte des Dichters Zacharias Werner. In: Mitteilungen des Vereins für die Geschichte von Ost- u. Westpreußen. Jg. 19, 1944, Nr. 1–2, S. 24–25

d' Anlau, B.: Madame de Staël. Coppet 1971

Autographen und Bücher aus vier Jahrhunderten. Katalog 47. Hamburg: Antiquariat Susanne Koppel 2014

Bernstorff, Elise von: Ein Bild aus der Zeit von 1789 bis 1835. Bd. 1–2. Berlin: Mittler 1896

Bilder-Conversations-Lexikon für das deutsche Volk. Bd. 1–4. Leipzig: Brockhaus 1837–1841

Bode, Wilhelm (Hrsg.): Goethe in vertraulichen Briefen seiner Zeitgenossen. Bd. 1–3. Berlin: Aufbau 1979

Brockhaus' Konversations-Lexikon. 14. Aufl. Bd. 1–17. Leipzig: Brockhaus 1908–1910

Chézy, Helmina von: Unvergessenes. Denkwürdigkeiten aus ihrem Leben. Bd. 1–2. Leipzig: Brockhaus 1858

Dorsch, Nikolaus: Julius Eduard Hitzig. Literarisches Patriarchat und bürgerliche Karriere. Franfurt am Main: Peter Lang 1994

Eichendorff, Joseph Freiherr von: Geschichte der poetischen Literatur Deutschlands. Paderborn: Schöningh 1857

Eichendorff, Joseph Freiherr von: Tagebücher. Hrsg. von Wilhelm Kosch. Regensburg: Habbel (1908). (Eichendorff: Sämtliche Werke, Bd. 11)

Floeck, Oswald: Unbekannte Briefe von Zacharias Werner. In: Hochland. 1929/30. Heft 4. S. 329–353

Forstreuter, Kurt: Zacharias Werner und seine Mutter. In: Mitteilungen für die Geschichte von Ost- und Westpreußen. Jg. 3, Nr. 1, Juli 1928. S. 12–16

Friedrich Ludwig Zacharias Werners letzte Lebenstage und Testament. Wien: Wallishausser 1823

Fröschle, Hartmut: Goethes Verhältnis zur Romantik. Würzburg: Königshausen u. Neumann 2002

Gellhaus, Axel und Nobert Oellers: Schiller. Bilder und Texte zu seinem Leben. Köln, Weimar: Böhlau 1999

Goethe, Johann Wolfgang von: Briefwechsel mit Zelter. Bd. 1–3. München: Hanser 1991 (Goethe: Sämtliche Werke. Münchner Ausgabe, Bd. 20, I.-III.)

Goethe, Johann Wolfgang von: Sämtliche Gedichte. München: dtv 1961

Grillparzer, Franz: Werke. Bd. 3. Gedichte, Epigramme, Satiren. München: Winkler 1971

Grumach, Ernst u. Renate (Hrsg.): Goethe. Begegnungen und Gespräche. Bd. 6. Berlin, New York: de Gruyter 1999

Gundermann, Gisela: Ortschronik der Gemeinde Lindenberg. Lindenberg 1998. [Als Manuskript gedruckt]

Hankamer, Paul: Zacharias Werner. Ein Beitrag zur Darstellung des Problems der Persönlichkeit in der Romantik. Bonn: Cohen 1922

Hankamer, Paul: Zacharias Werners »24. Februar«. Diss. Essen: Fredebeul & Koenen 1919

Heinemann, Birgit: Ein Fragment des Dramas »Ostermorgen« von Zacharias Werner. In: Jahrbuch des Freien Deutschen Hochstifts 1962. Tübingen: Niemeyer 1962

Hitzig, Julius Eduard: E. T. A. Hoffmanns Leben und Nachlass. Frankfurt a. M.: Insel 1986

Hitzig, Julius Eduard: Lebensabriss Friedrich Ludwig Zacharias Werners. Berlin: Sander 1823

Hoffmann, E. T. A.: Briefwechsel. Hrsg. von Hans von Müller
und Friedrich Schnapp. Bd. 1–3. München: Winkler
1967–1969

Humboldt, Wilhelm u. Caroline in ihren Briefen. Bd. 3. Berlin:
Mittler 1909

Jäger, Eckhardt und Rupert Schreiner: Das alte Königsberg.
Veduten aus 400 Jahren. Regensburg: Garamond 1987

Katalog 47 des Antiquariats Susanne Koppel. Hamburg 2014

Klein, Erich: Zacharias Werner. Der Roman eines Lebens. Biele-
feld: Rennebohm & Hausknecht 1926

Kluckhohn, Paul (Hrsg.): Zacharias Werners Dramen. Leipzig:
Reclam 1937

Körner, Josef (Hrsg.): Krisenjahre der Romantik. Briefe aus dem
Schlegelkreis. Bd. 1–3. München: Francke 1969

Kosellek, Gerhard: Reformen, Revolutionen und Reisen. Deutsche Polenliteratur im 18. u. 19. Jahrhundert. Wiesbaden:
Harrassowitz 2000

Kozielek, Gerard: Anonyme Jugendgedichte Zacharias Werners.
In: Germanisch-Romanische Monatsschrift. Neue Folge
Bd. XII. H. 4, Okt. 1962

Kozielek, Gerard: Das Polenbild der Deutschen 1772–1848.
Anthologie. Heidelberg: C. Winter Universitätsverlag 1989

Kozielek, Gerard: Friedrich Ludwig Zacharias Werner. Sein Weg
zur Romantik. Wroclaw 1963

Kozielek, Gerard: Prediger und Poet. Zacharias Werners Wirken
in Wien. In: Aurora. Jb. der Eichendorff-Ges. Bd. 41. Würzburg 1981, S. 93–134

Kunze, Max (Hrsg.): Zwischen Antike, Klassizismus und Romantik. Die Künstlerfamilie Riepenhausen. Mainz: Zabern 2001

May, Helmut: Der Dreikönigsaltar. Berlin: Gebr. Mann 1948

Müller-Bohn, Hermann: Die deutschen Befreiungskriege.
Bd. 1–2. Berlin: Kittel [1913]

Nostitz, Karl von: Leben und Briefwechsel. Auch ein Lebensbild
aus den Befreiungskriegen. Dresden, Leipzig: Arnold 1848

214

Pange, Pauline de (Hrsg.): August Wilhelm Schlegel und Frau von Staël. Nach unveröffentlichten Briefen. Hamburg: Goverts 1940

Pichler, Caroline: Denkwürdigkeiten aus meinem Leben. Berlin: Holziger 2014

Polsakiewicz, Roman: Wojciech Boguslawskis deutsches Theater in Warschau. 1804–1806. In: Deutsche Polenliteratur. Internat. Kolloquium 1988. Wroclaw (Breslau): Universytet 1991

Preuschoff, Hans: Ein seltsamer Heiliger. In: Ermlandbuch 1976. Osnabrück: Fromm 1976, S. 88–110

Preuschoff, Hans: Von der Hofpolizei bespitzelt. Zacharias Werner in Wien. In: Ermlandbuch 1979. Osnabrück: Fromm 1979, S. 185–207

Rogge, Helmuth (Hrsg.): Der Doppelroman der Berliner Romantik. Bd. 1–2. Leipzig: Klinkhardt & Biermann 1926

Rosenthal, David August: Convertitenbilder aus dem 19. Jahrhundert. Schaffhausen: Hurter 1866

Schäffer, C. u. C. Hartmann: Die Königlichen Theater in Berlin. Statistischer Rückblick. Berlin: Berliner Verlags-Comptoir 1886

Schlegel, Caroline und Dorothea in ihren Briefen: siehe unter Wieneke

Schwarz, Heinrich: Bildnisse Zacharias Werners. In: Hochland. 1929/30. H. 4, S. 354–359

Solovieff, Georges (Hrsg.): Kein Herz hat mehr geliebt. Madame de Staël. Eine Biographie in Briefen. Frankfurt a. M.: S. Fischer 1971

Staël, Germaine de: Über Deutschland. Frankfurt a. M.: Insel 1985

Thomas von Kempen: Die Nachfolge Christi. Leipzig: Kröner 1935

Varnhagen von Ense, Karl August: Werke. Bd. 1–5. Frankfurt a. M.: Deutscher Klassiker-Verlag 1987

Varnhagen von Ense, Rahel: Gesammelte Werke. Bd. 1−10.
München: Matthes & Seitz 1983

Werner, Zacharias: Briefe. Hrsg. von Oswald Floeck. Bd. 1−2.
München: Müller 1914

Werner, Zacharias: Dramen. Hrsg. von Paul Kluckhohn. Leipzig:
Reclam 1937

[Werner, Zacharias:] Kurze Biographie von F. L. Z. Werner. Aus
dem Felderschen, jetzt Waitzeneggerschen Gelehrten- u.
Schriftsteller-Lexikon. Landshut: Thomann 1822

Werner, Zacharias: Die Söhne des Tals. Ein dramatisches Gedicht. Hrsg. von Walter Johannes Stein. Stuttgart: Orient−
Occident 1927

Werner, Zacharias: Die Tagebücher des Dichters. Hrsg. von
Oswald Floeck. Bd. 1−2. Leipzig: Hiersemann 1939−1940.

Werner, Zacharias: Kriegslied für die zum heiligen Kriege verbündeten deutschen Heere. Frankfurt a. M.: Wenner 1813

Werner, Zacharias: Martin Luther oder Die Weihe der Kraft.
Vom Verfasser der Söhne des Thales. Berlin: Sander 1807

Werner, Zacharias: Sämmtliche Werke. Bd. 1−13. Grimma:
Verlags-Comptoir [1842]

Werner, Zacharias: Die Weihe der Unkraft. Frankfurt a. M.:
Andreä 1814

Wieneke, Ernst (Hrsg.): Caroline und Dorothea Schlegel in
Briefen. Weimar: Kiepenheuer 1914

Witte-Heinemann, Birgit: Zehn bisher nicht bekannte Briefe
Zacharias Werners. In: Jb. des Freien deutschen Hochstifts
1963. Tübingen: Niemeyer 1963, S. 251−295

Wohlhaupter, Eugen: Dichterjuristen. Bd. 2. Tübingen: Mohr
1955

Zipper, Albert: Zacharias Werner und die Familien Grocholski
und Choloniewski. Lemberg: Stauropigianisches Institut 1896

Zeittafel

1768   18. November: Werner wird in Königsberg geboren.

1772   1. Teilung Polens.

1776   E. T. A. Hoffmann wird in Königsberg geboren.

1782   Tod von Werners Vater.

1784   Werner beginnt sein Jura-Studium an der Albertina.

1789   Werners »Gedichte« erscheinen.

1790   Werners Bildungsreise nach Berlin und Dresden.

1792   Werners erste Eheschließung. Abbruch des Studiums. Landleben.

1793   2. Teilung Polens.

1794   Werners Scheidung von seiner ersten Frau. Anstellung als Kammersekretär im Staatsdienst in Petrikau und Plozk.

1795   3. Teilung Polens.

1796   Werners Versetzung nach Warschau. Freundschaft mit Johann Jakob Mnioch.

1799   Werners zweite Eheschließung. Freundschaft mit Julius Eduard Hitzig.

1801   Werners zweite Scheidung und dritte Eheschließung.

1803   Werners »Söhne des Thals« erscheinen in Berlin.

1804   Tod von Werners Mutter.

1806   11. Juni: Uraufführung der »Weihe der Kraft« in Berlin.
            23. Juli: Die parodistische Maskerade der Offiziere.

14. Oktober: Niederlage der preußischen Armee bei Jena und Auerstedt.

24. Oktober: Einzug Napoleons in Berlin.

»Die Weihe der Kraft« und »Das Kreuz an der Ostsee. 1. Teil: Die Brautnacht« erscheinen in Berlin.

1807 Werner in Prag, Wien, München, Köln und Jena. Erste Begegnung mit Goethe.

1808 30. Januar: Uraufführung der »Wanda« in Weimar. Werners Reisen an den Rhein, in die Schweiz, nach Paris und Oberitalien. Aufenthalt in Coppet und Weimar.

1809 Werner in Weimar, dann in Coppet. Private Uraufführung des »24. Februar«.

Im Dezember Ankunft in Rom.

1810 19. April: Werner wird in Rom katholisch.

1813 Werner in Frankfurt am Main.

1814 Wiener Kongress. »Die Weihe der Unkraft« erscheint in Frankfurt am Main.

Werner besucht das Priesterseminar in Aschaffenburg. Priesterweihe.

Werner wirkt in Wien als Prediger.

1816 Einjähriger Aufenthalt in Podolien.

1820 »Die Mutter der Makkabäer« erscheint in Wien.

1823 Werner stirbt am 17. Januar in Wien und wird am 20. Januar in Maria Enzersdorf beigesetzt.

Personen- und Ortsregister

221

Inhaltsverzeichnis